ゼロから学べる特別支援教育

JN187732

若い教師のための
気になる子への支援入門

明治図書

青山新吾・長瀬拓也 編著

はじめに

本書は、文字通り、**特別支援教育についてゼロから学びたい**方のために書かれたものです。

私自身は、特別支援教育の専門家ではありません。

そのため、私が尊敬し、学級経営について相談にのっていただいている青山新吾先生にお願いをし、一緒に編集していただくことになりました。

では、なぜ、特別支援教育の専門家ではない私が本書を編著することになったのか。その理由をまずお話しさせてください。

特別支援教育は、一部の先生や子ども達だけの課題ではありません。二〇一六年四月に障害者差別解消法も施行され、いまや、初任者からベテランの先生に至るまで、全ての先生にとってのテーマだと言えます。

私自身、ゼロから学べるシリーズの中に「ぜひ、特別支援教育を入れてほしい」と編集者の林知里さんから言われていました。最初は断っていたのですが、林さんの熱意におされたこともあり、公立小学校で十年以上もつことができた学級担任時の出来事や授業での関わりを振り返ってみました。そうすると、私が学級経営について悩み、喜び、成長するきっかけを与えてくれたのは、障害の有無に関係なく、課題のある子ども達との生活でした。

皆さんは、「インクルーシブ教育」という教育の考え方をご存じでしょうか。私が初任時代から学級担任としてまず大切にしてきたことは、このインクルーシブ教育の考え方です。

インクルーシブ教育とは、一言で言えば、「排除しない」教育だと言えます。

文部科学省の「共生社会の形成に向けたインクルーシブ教育システム構築のための特別支援教育の推進（報告）」を参考にすると、
・人間の多様性の尊重等の強化
・障害者が精神的及び身体的な能力等を可能な最大限度まで発達させること

・自由な社会に効果的に参加することを可能とするとの目的の下、障害のある者と障害のない者が共に学ぶ仕組み
・障害のある者が教育制度から排除されないこと
・自己の生活する地域において初等中等教育の機会が与えられること
・個人に必要な「合理的配慮」が提供される等が必要
といったことが挙げられます。

実は、こうした教育が特に求められている場は、特別支援学校だけではなく、通常の学級と言われるクラスの学級経営や授業づくりでもあります。

一人一人を大切にし、排除しない教育を私はできてきたのか。

そうやって自分自身を振り返ると、私自身、もっと学ばなくてはいけないと考えるようになりました。

また、同時に、とても印象に残っている出来事があります。それは、学生時代に免許取得のために通った特別支援学校や初任者研修で訪問した聾学校でした。障害の軽重に関わらず、一人一人を大切にし、何よりも楽しく生活している先生や子ども達を見て、「もっとがんばらないといけないな」と刺激を受けたことを覚えています。そして、何よりも学

級経営で子ども達との関わりについて的確なコメントやアドバイスを頂ける青山新吾先生との出会いは、私の教師人生にとってとても大きいものでした。

「青山先生と一緒にお仕事をする中で、私自身もゼロから特別支援教育について学ぼう」そう考え、この執筆に関わることになりました。

さて、本書では、

1章　支援を要する子も包み込む通常の学級のクラスづくり

特別支援教育の視点からということの前に、まずは支援を要する子も包み込むことができる丁寧なクラスづくりをするという視点から、どのようなクラスづくりをしていけばよいかについて提案します。

2章　特別支援教育とは何か

特別支援教育とはどんな教育か、歴史、背景、取り巻く環境を踏まえながら考えていきます。

3章　障害種別の子どもへの支援と教師のための学び方

子どもの見方、考え方、問題行動をどのように見て考えるのかなど、特別支援教育についてどのように学んでいけばよいかについて考えていきます。

4章　特別支援教育の視点から考える通常の学級の授業づくり

特別支援教育の視点からどのような授業づくりをしていけばよいか、提案していきます。

青山新吾先生、関田聖和先生、田中博司先生をはじめ、今回もバックアップメンバーとして、イラストのイクタケマコトさん、編集の林知里さんにはいつもながらに感謝します。

読者の皆さんと共にゼロから特別支援教育について考えていきたいと思います。どうぞよろしくお願いします。

長瀬拓也

もくじ

はじめに

1章 通常の学級の支援を要する子も包み込むクラスづくり

あせらず自分を信じて一年をかけて ―― 20
指導方法の選択は「いつ」「誰」を大切に ―― 22
演出づくりで学級びらき ―― 24
みんなで聞くことを大切に ―― 26
彼、彼女のニーズ探しから ―― 28
学び方探しの一年間に ―― 30
丁寧によさを見つけていく ―― 32

やればできる感覚をもたせる　34
体の動き、心の動きを読む　36
席の配置に配慮する　38
小さな喜びを大切に　40
仲間がいるから乗り越えられる環境へ　42
うまくいった出来事に学ぶ　44
大人の意識を変える工夫を　46
少し遠い先を見て　48
●学びを深めるために

2章 特別支援教育とは何か

特別支援教育の前は？　54
特別支援教育における基本的な考え方　56

特別支援教育を推進する体制づくり　58
教育的ニーズに応じた多様な学びの場　60
新しい就学先決定のシステム　62
保・幼・小・中・高等学校連携　64
通常の学級の特別支援教育　66
特別支援学級における教育　68
自立活動　70
交流及び共同学習　72
居住地校交流　74
通級による指導　76
「特別支援教育支援員」との協働　78
学校外との連携　80
保護者の気持ちと家庭との協働　82
個別の指導計画、個別の教育支援計画の意味　84
子どもを取り巻く周囲の理解促進　86

高等学校における特別支援教育 88
インクルーシブ教育システム 90
合理的配慮 92
障害者差別解消法 94
●学びを深めるために

3章 障害種別の子どもへの支援と教師のための学び方

「特性支援教育」で、「専手必笑」 100
視覚障害の子どもへの教育 102
聴覚障害の子どもへの教育 104
知的障害の子どもへの教育 106
肢体不自由の子どもへの教育 108

病弱・身体虚弱の子どもへの教育 110
言語障害の子どもへの教育 112
自閉症・情緒障害の子どもへの教育 114
学習障害（LD）の子どもへの教育 116
注意欠如・多動性障害（ADHD）の子どもへの教育 118
発達性協調運動障害（DCD）の子どもへの教育 120
DSM-5による障害名の変更とは 122
同時処理が得意な子どもへの支援 124
継次処理が得意な子どもへの支援 126
視覚優位の学習型 128
聴覚優位の学習型 130
運動優位の学習型 132
特別支援教育の視点を入れるとは 134
子どもを「みる」とは 136
人物画から子どもをみる 138

特別支援教育の知見を学ぶということ 140
特別支援教育という名のつくセミナーに通う 142
特別支援教育士養成セミナーで学ぶ 144
夜間大学に通う・紹介される本で学ぶ 146
現場から学ぶ 148
応用行動分析で言動から原因を探る 150
最新情報を知り、保護者に解説する 154
●学びを深めるために

4章 特別支援教育の視点から考える 通常の学級の授業づくり

特別支援教育の視点を整理する 160
三つの視点で授業を見る 162

参加を促すアイデア

授業を分割化して、参加を促す 164
見通しをもたせ、参加を促す 166
エンターテインメント化して、参加を促す 168
授業をパターン化して、参加を促す 170
環境を調整して、参加を促す 172

ねらいにせまるコツ

視覚化して、ねらいにせまる 174
焦点化して、ねらいにせまる 176
共有化して、ねらいにせまる 178
多様な活動を取り入れ、ねらいにせまる 180

力をつけるしかけ

アクティブ・ラーニングで、力をつける 182
友達支援で、力をつける 184
協同学習で、力をつける 186

学び方を選ばせ、力をつける 188
10の原則を身に付ける 190
●学びを深めるために
おわりに
引用および参考文献

1章

支援を要する子も包み込む通常の学級のクラスづくり

支援を要する子も包み込む通常の学級のクラスづくりとは、
・あせらず、じっくりと
・よさを見つけながら
・まわりの子との関わりを大切にしながら
丁寧に学級をつくっていくことです。

ある方法や考え方をすれば必ずうまくいくということはありません。多様でそれぞれ違う子ども達が集まり、そこで試行錯誤していくことが学級づくりであり、担任としての生きがいだと感じましょう。

もちろん、支援を要する子との出会いは楽しいことだけではありません。

しかし、支援を要する子との出会いは、教師と子ども達の成長を大きく伸ばしていくものだと感じ、

ポジティブに捉えることが大切です。
関わることは一年間だけしかないかもしれません。しかし、だからこそこの出会いを大切にしながら、その子のよさをたくさん見つけ、仲間との関わりの中から次につなげていけるステップにしていきましょう。そして、その子を含めた子ども達全員とたくさん学び、感じ、考えることができることを目指したいものです。小さな変化を捉え、それを成長や喜びと考えていくことをクラスづくりの基盤としましょう。そんなクラスづくりは、実は支援を要する子だけではなく、周りの子ども達、担任の先生、そして保護者の方にとっても幸せなことだと言えます。

あせらず自分を信じて一年をかけて

支援が必要な子の担任になると、どうしても不安になります。診断名や発達の状況など、知ろうと思えばたくさんの情報を手に入れることができます。関連の書籍もたくさんあります。

しかし、支援を要する子も包み込む学級をつくるということは、何よりも

オンリーワンの学級をつくる

ということです。

似たような事例はたくさんあるかもしれませんが、結果的に、先生と目の前にいる子ども達だけの学級をつくることでしか解決はありません。大切なことはまず、あせらないことです。そして、不安になりすぎないことです。

教室で突然暴れる。教室から飛び出す。

そんなこともたくさんあります。

しかし、あせらないでください。そんな出来事の裏で、その子が見せるちょっとしたしぐさや言葉から、希望を見つけていきましょう。そして、その子と関わり合いのある子が

楽しく遊んだり、学んだりする姿を見つけましょう。そこから打開策を見つけていきます。四月の気になる子への支援に配慮した学級づくりとは、そのような地味であり、かつ結果がすぐ出ないような手探りの作業なのです。

苦しい状況においては、様々なアドバイスをもらうかもしれません。そこで全てを受け入れようとしてもうまくいかないこともあると思います。

アドバイスを受け入れながらも、あくまでも参考にする程度にとどめ、目の前の子ども達と向き合いましょう。

私がクラスをもつときは、必ず、「全員が学べるクラスにしたい」ということを子ども達に話すようにしています。繰り返し、繰り返し、話していきます。そして、それが実現できるような授業の工夫を仕掛けていくことが大切です。

失敗はたくさんします。しかし、その失敗の中で、修正を重ねながら一年をかけて指導をしていきます。あせらないことが、まず、支援を要する子を抱えた学級づくりで大切なことです。

指導方法の選択は「いつ」「誰」を大切に

教室を飛び出す。やりたくないと暴れる。教室で寝転ぶ。

こうした状況に向き合ったとき、教師は様々な指導方法をとっさに考えます。
・毅然と厳しく声をかける
・少し様子を見る
・まわりの子に声をかけるようにする
・優しく尋ねてみる
・落ち着ける場所を確保する（たたみルームをつくるなど）
どれも正しい方法です。私はこの方法は全て使っています。（叱ることもオプションとしては外していません。）

しかし、大切なことは、どの方法が正しいかではなく、**どの方法がその子の今にとって正しい方法か**を考えるということです。

絶対にこの方法がよいというものはありません。

そのときのその子の様子を見て、もっとも心に届く方法は何かを考えてみてください。

また、そうしたときは、

まわりの子への指導が鍵

になります。

支援を要する子ばかりに気をとられてしまうと、同じことをしていても、その子以外は許されてしまっているということが結構あります。私はこれを、

逆特別支援

と呼んでいます。支援しているつもりが、支援が必要な子ばかりを追い込んでいるということなのです。

教師の基準に適していない場合は、どの子でも指導の対象にしなければいけません。誰か一人ではなく、全体を指導するというのも適切な方法です。大切なことは、基準がぶれないようにすることです。

語りかける、訴える、声を出す、問いかける……。指導方法には技術があります。子ども達が「しまったな、いけないいな」と思える指導方法を考えて取り組んでいくことももちろん大切なことです。

演出づくりで学級びらき

最初の出会いを大切にするということは、学級経営における第一歩です。支援を要する子のいる学級における学級づくりも、同様です。

理由を考えると、

・春であり、気持ちが前向きである
・今年こそはと子ども自身も思っている
・不安もあるので大きく出ること（騒ぐなどのアピール）が難しい

などが挙げられます。中学生になると、始業式から崩れるということもまれにありますが、基本的には、年度当初は緊張感があり、こちらの指示を受け取ってくれやすい状況です。

そうした最初の出会いのアドバンテージを生かし、

「がんばろうかな」

という心の芽を伸ばす工夫が大切です。

私が必ず取り組んできたことは、支援を要する子に教科書運びを手伝ってもらうことです。クラスみんなが私がやりたい、運びたいという雰囲気にしてから

「教科書を運んでくれる人は」
と聞きます。手を挙げることを躊躇すると思われる子には、あらかじめ「お願いがあるんだけどいいかな」とその子だけに小さな声で尋ねてからクラス全体に聞いてもいいでしょう。
　そして、わざと職員室に呼ぶなどして、活躍する場をつくります。入室の挨拶などもきちんとさせて、他の先生に
「変わったね」
「成長したね」
とほめてもらえる演出をするのです。
　この演出づくりがとても大切です。
　支援を要する子も、まわりの子も
「このクラスならやっていけるぞ」
と思えるような
演出づくり
が学級づくりでは欠かせません。

みんなで聞くことを大切に

特別な支援を要することの有無に関わらず、みんなで聞くことが、まず学級づくりで何よりも大切です。

どんな学級づくりの方法であっても、

聞くこと

が基本的なスタイルになるからです。

「一斉学習」「クラス会議」「学び合い」、様々な学習の方法においても、「話を聞く」ということがもっとも大切になります。

しかし、最初からきちんと聞いてくれたら、学級づくりで悩むことはありません。

私の場合、話す場面を最初はできるだけ少なくして、希少価値を高めながら、

・楽しい話を短く
・読み聞かせなど、「聞きたい」内容を
・授業の中で自由に話せる時間を増やす

といった工夫をするようにしています。読み聞かせも、最初は簡単な絵本から始め、だん

だん長い本を時間をかけて読むようにしています。

また、

「姿勢をよくして、先生を見てください」

「○○さんの聞く姿がいいね」

とほめたり、聞く態勢を整えてから話したりすることも学級づくりの初期には大切です。

支援を要する子ども達は、なかなかそれに答えてくれないかもしれません。しかし、クラス全体に対して、

「聞くことは、価値あることなんだ」

と意識づけていくことで、徐々に支援を要する子ども達も聞くことに対して関心をもつようになります。

繰り返しになりますが、大切なことは

あわてないこと

です。

じっくりと丁寧に、継続して、聞くことが大切だと伝え続けるように心がけながら、一方で子ども達が楽しんで聞く内容・伝え方ができているかと自分に問うていきましょう。

彼、彼女のニーズ探しから

学級びらきを終えたら、支援を要する子も含めて、**どんなことを求めているのか・何を訴えているのか**を探すようにしていきます。

例えば、大声で奇声を発する子がいたとします。

- **みんなに認めて欲しいのか**
- **クラスにいることが不安なのか**
- **苦手な勉強から逃げたいのか**
- **思わず声が出てしまうほど、気分がよいのか**

声を出すという表面的な行為の裏側には、実は、子ども達の訴えや求めていること、つまりニーズがあります。

そのニーズを見つけ、大きな声を出さなくてもそれが満たされる方法を少しずつ伝え、解決に導いていきます。

ここで気をつけなければならないのは、

決めつけないこと

です。

子ども達のニーズは多様であり、その時々によって変化する場合もあります。そのため、「○○だから▲▲である」といった一元的な指導は避けた方がよいでしょう。

また、支援を要する子ほど、そのニーズは見えづらいというのが特徴的です。そのため、メモをとったり、じっくりその子を見続けたりすることが大切です。

かつて私が受けもった子の中に、やる気がないと捉えられていた子がいました。しかし、実際にニーズを探していくと、そこには、「授業についていけるのか」といった不安や「できない自分を見せたくない」という不安が大きいことが分かりました。不安な子にきつく叱っても効果はありません。学習方法を一定にし、できるだけ不安感を取り除く工夫をしました。とはいえ、安定して学べるようになったのは二学期を過ぎた頃でした。ニーズ探しは、探し終えた後も続くのです。

学び方探しの一年間に

支援を要する子を受けもつことになったり、前年度厳しいクラスであると言われた学級の担任になったりした場合、まずはどのような学習のスタイルが子ども達に適しているか考えることが必要です。

私は、学級をつくるということは、**学び方を探す一年間**だと考えています。

教師として教えやすい方法があります。そうした教師側の教え方に対応できるように子どもの側が取り組むことが、従来の学級経営だったのかもしれません。しかし、本来は逆でなければいけません。子どもの側の学びやすさに教師が対応することが、必須です。

ですから、**支援を要する子でも学べる学び方**を考え、取り組まなくてはなりません。

以前、あるクラスをもったときに、何か絵を描いたりつくったりしながら学習した方が、なかなか落ち着いて取り組めない子にはよいだろうと考え、授業をしました。しかし、あまりうまくいきませんでした。その子が落ち着いて学べないのは、できない不安感から来ているため、うまくつくれない自分が嫌になってしまい、逆効果になってしまったのです。

学級づくりにおいては、こうした失敗を繰り返す中で、その子にとってのよい方法を探っていくしかありません。

答えはなかなか出ないこともあります。しかし、ピタッとその子にはまるような学習方法が見つかると、そこから面白いようにいろいろなことができるようになります。

私自身、初任時から三、四年目ぐらいまでは、「これを続けさえすれば必ず学級はうまくいく」という実践を追究していました。確かに、その実践は多くの子ども達の心をつかみました。しかし、それだけに頼っていると、個々のニーズをもつそれぞれの支援を要する子にとっては、学びにくいままになってしまうかもしれません。

学び方を探すということは、教師にとっては負担がとてもかかることです。

しかし、学び方を探すことで、教師自身も成長することが求められているのです。

丁寧によさを見つけていく

『ゼロから学べる学級経営』（明治図書）でも述べたことですが、四月のはじめには座席表をつくりましょう。その座席表にメモを書けるようにしておき、毎日の一人一人の様子を記述していきます。

毎日全員分書くというのは、なかなか大変です。

そのため、

・一週間で全員のよさを見つけて書く

・気が付いたら書く

というように、自分自身で目標を立てて取り組んでいくことが大切です。

まず、子ども達を丁寧に見るという行為が、支援を要する子へのサポートとしてだけではなく、全ての教育活動においてとても重要であると考えているからです。

一方で、丁寧に子どものよさを見ないというのは、どういう行為でしょうか。

それは、子どもの悪いところ、つまり課題ばかり「見えてしまう」ことです。

これは、教師が自分自身に余裕がなかったり、がんばりすぎたりしたときに起こりやすくなります。
　だからこそ、

・目標をもって

・記録を残して

・丁寧に

・よさを見つけよう

というように、意識的に見ることがとても重要なことなのです。

　また、よさを見つけたら本人やクラスに伝えるという行為も、とても大切です。学級通信やみんなの前での話など、よさを伝える場をつくって、伝えていけるようにしていきましょう。

やればできる感覚をもたせる

支援を要する子が

「俺は何をやってもできないから」

という言葉を発することを、四月の頃には何度も聞くことがあります。

自己肯定する力が非常に低いのです。そうした子に、無理やりさせてもうまくはいきません。

そこで、

やればできる

という感覚をクラス全員にもたせることが、学級づくりを成功させるためのキーポイントです。

前年度にクラスが厳しい状況におかれていた子ども達を見ると、支援を要する子ども達だけではなく、まわりの子も自己肯定する力が落ちている場合があります。

しかし、年度が変わって、今年こそはと思う子もいるでしょう。きっかけは些細なことでもかまわないので、やればできるという感覚をもたせたいです。

例えば、私がよく取り組むのは、詩を使った授業や地図から都道府県を探す授業です。これはどちらも尊敬する先生方の実践ですが、自分なりにアレンジをして取り組んでいます。

詩は短いので読むことが苦手な子にとってもハードルが低いですし、都道府県を探す学習では、子ども達の手元に地図帳さえあれば、誰でも取り組めるというよさがあります。同様に、俳句をつくらせることも手軽に取り組めるのでおすすめです。

こうした授業の中で、

やればできる、楽しい

という感覚をもたせます。私は、

やれでき感覚

と呼んでいますが、こうした感覚を増やして、

やれでき自信（やればできるという自信）

をもたせることを目指していきます。

さらにポイントは、

みんなと協力して取り組めば必ずできる

という感覚です。この感覚が学級としての力を高めることにつながっていきます。

体の動き、心の動きを読む

東京都の川上康則先生によれば、

「つまずきの根っこ」、すなわち背景要因を読み解くことがまず大切だそうです。

これは、一見、やる気がなさそうに見えても、実はがんばろうという気持ちをもっていることがあるように、姿だけでは判断しないということです。

今まで、背筋を伸ばして話を聞くといったようなことができなかった子が、急にそうすることは簡単ではありません。そのため、トレーニングが必要になります。体を向けて聞くといったトレーニングをしながらも、その子の体の動きから心の動きを読もうと取り組まなくてはなりません。

特徴的なのは、目の動きです。

たとえ姿勢が悪くても、目をこちらに向けていることがあります。

そういうときは、

「しっかり見ているね」

とほめ、認めるようにします。

また、指示をすると反発する場合があります。しかし、体の動きをよく見て、「あー」と言いながらも言われたことをしていたら、これは、受け入れているということです。同じ反発でも、受け入れている場合と受け入れていない場合では、体の動きは大きく違います。

こうした状況を覚えておいたり、記録したりすると、子ども達が日々成長していることがよく分かります。

子ども達とのやりとりは、一進一退かもしれません。しかし、こうした一進一退の中で教師自身も成長しているのです。

一方で、クラス全体には

姿で見せることが大切

と話をすることも欠かせません。人はどうしても姿で判断することがほとんどです。支援を要する子を見取りつつ、公の姿を育てることも、通常の学級では決して欠いてはならない指導です。

【参考】川上康則「支援を要する子の背景を読み解く」（長瀬拓也編『ＴＨＥ　こども理解』）明治図書

席の配置に配慮する

席替えの仕方は様々ありますが、支援を要する子に対しては、個別に配慮をしたり、意識したりすることを勧めます。

私があるクラスの担任だったときに、どうしても気になる子が二人いました。二人とも前の席にすると、反発し合う可能性がありました。一人の子は教室を飛び出したり、寝転んだりすることがあります。その子をそのままにすると、もう一人が「なぜ、あいつは許されるんだ」と言いかねません。しかし、二人とも前の席にはできず、かといって私との距離があると、教室を離れていってしまうかもしれません。

そこで、考えたのが、一人を後ろの席にし、一人を前の席にする。ただし、教師用の机を後ろにするというアイデアでした。

授業をすれば、「なぜ、あいつだけ」という子は、教師である私が前にいるため、後ろを振り返ることが少なくなります。そして、落ち着かないもう一人は、自分のできる範囲内で取り組み、近くに私の机があるので、安心して聞いたり話したりすることができるというわけです。

席の配置に少し配慮するだけでも、子ども達の落ち着きは驚くほど高まることがあります。子ども達の姿を普段からよく見ておくことが、効果的な席の配置を決めることにつながります。

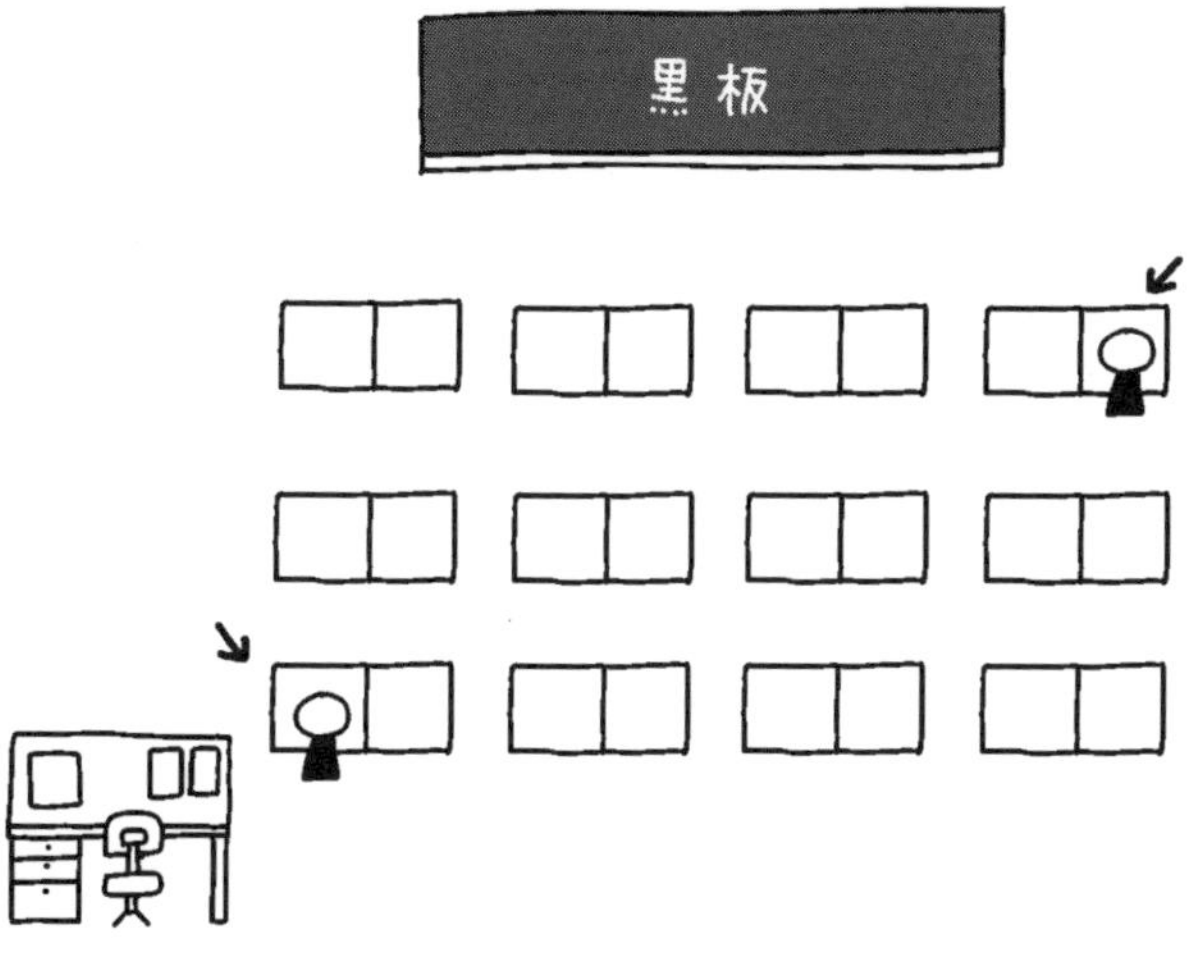

小さな喜びを大切に

担任として、「こうあってほしい」と思うことがあります。

・となりのクラスと比べて
・高学年として
・厳しく接した方がよいといわれて
・保護者の方の目が気になって

といった外的な要因が知らず知らずのうちに学級や子ども達への要求レベルや目標を上げていきます。

しかし、急に目標を上げたり、無理な要求をしたりすると、子ども達に必ず負担が出てきます。とりわけ、支援を要する子にとってはストレスがかかります。私自身、高い目標を要求しすぎて、子ども達との関係がうまくいかなくなったことが今まで多くありました。

そこで、職場の管理職の先生にアドバイスを頂いたり、神戸の多賀一郎先生のお話を聞いたり本を読んだりする中で、子ども達に対して「過度な要求になっていないか」と自問自答することを課すようになりました。

支援を要する子も含めた学級づくりで欠かせないのが、

小さな喜びを大切に

するということです。

学級で起きる小さな出来事やよかったことを書き留めるだけでもよいでしょう。職員室で子ども達のがんばりや些細なよさを話してもよいです。

学級づくりにおいて大切なことは、時間がかかってもよいので目の前の子ども達が少しでも変容することです。急に目標を上げるのではなく、計画を立て、少しずつスモールステップで上げていくことがポイントです。

そのためには、外的な要因で担任として子ども達に過度な目標を強いたり要求をしたりしていないかを常に確認することが必要だと言えます。

なぜ目標を上げようとしているのか、目標の上げ方は適切か、支援を必要とする子の顔を思い浮かべながら、考えることが大切です。


【参考】多賀一郎『ヒドゥンカリキュラム入門―学級崩壊を防ぐ見えない教育力』明治図書

仲間がいるから乗り越えられる環境へ

特別な支援を要する子がいるクラスだからこそ、まわりの子を意識するべきだと私は考えています。

支援を要する子は、まわりの子との関係がよくない場合が多くあります。仲間からの疎外感は、こちらが感じている以上かもしれません。

だからこそ、学級全体として仲間がいるからこそ乗り越えられる環境づくりが必要になってきます。

仲間がいるから乗り越えられる環境づくりは、クラス会議を始め、様々な方法があります。こうした活動に共通することは、お互いによさを伝え合うということです。

私の場合は、学級通信でそうしたことをよく行ってきました。

仲間のよさを書く。

そしてその書いたものを取り上げて紹介する。

シンプルですが、こうしたことを続けることがとても大切です。

また、京都橘大学の池田修先生に教えていただいた方法で、書いたものを回覧のようにクラス全員で回していく方法も行っています。数十秒で読んでコメントを書くという活動です。

同様に、授業でも、仲間がいるから乗り越えられるような場を設定することが求められるでしょう。

「分数の問題を班で協力して解く」というように、複数で話し合って進めていくという授業の方法を少しずつ取り入れていくようにしていきます。

こうした学習活動の連続と継続が、仲間がいるから乗り越えられる環境を整えていくと考えています。

【参考】池田修「相互評価に基づく作文指導法」（西川純・片桐史裕編著『学び合う国語―国語をコミュニケーションの教科にするために』）東洋館出版社

うまくいった出来事に学ぶ

省察や振り返りといったことが多くの場で提案されています。その行為そのものはとてもよいのですが、うまくいかないことを振り返る連続で自分を追い詰めている先生が多いのではないかと危惧することがあります。

そこで、私が提案したいのは、

うまくいった出来事に学ぶ

という視点です。

学級担任として、「今日は落ち着いて学べたな」「みんなよくできたな」と思う瞬間が必ずあります。支援を要する子に対しても、「あれはがんばれたな」「ここまではできたな」といったうまくいったことに焦点をあてます。一日を通してではなく一時間や数分でもよいので、うまくいった出来事を振り返るようにしましょう。

なぜ、うまくいったのか。
いつ、うまくいったのか。
何が、うまくいったのか。

そうした、成功例を振り返ることで、新しい学級づくりのきっかけを得ることができます。

もちろん、うまくいかなかったことから学ぶことも大切なことです。

しかし、うまくいかなかったことの連続を振り返りすぎて自分を追い込んでは何もなりません。

担任の先生が元気でいることも学級経営ではとっても大切なことです。

ぜひ、

うまくいった出来事を振り返る

ということをやってみましょう。

大人の意識を変える工夫を

支援を要する子自身が実はあまり変わっていなくても、まわりの大人の見る目が変わることで、その子に対する評価はよくも悪くもなることがあります。

例えば、

落ち着きのない子は、行動的な子

と置き換えることができます。

つまり、その子の発達上の課題は逆に言えば、個性であり、よさでもある場合があるのです。そうした課題をよさに変えるのは、大人の意識ひとつです。

例えば、職員室の先生方の見方です。

支援を要する子の悪いところを指摘し合うだけでは、担任一人の努力ではなかなか変わりません。

「この子はね、優しいんだよ。困っていたあの子に声をかけていたよ」

そんな声かけで担任含め、学校の先生方のその子に対する態度がガラッと変わる場合があります。

すなわち、学級担任として職員室の先生方の、支援を要する子に対する見方を変えることも、担任の仕事のひとつと言えるでしょう。

その子が努力している姿やよさを伝えたり、そうした姿を他の先生方の前で見せるように工夫したりすることで、先生方の見方は変わっていきます。

また、保護者の方にもよさを伝えることも、学級担任の大切な仕事です。それは、支援が必要な子の保護者はもちろんですが、クラスのまわりの子ども達の保護者に対しても同様です。

子ども達を取り巻く大人の目を温かくする。

これも、支援を要する子を包み込む学級づくりをする上でポイントとなることだと考えています。

少し遠い先を見て

私自身は中学校での勤務も経験したことがあるので、子ども達と接していて、どんな中学生になるかなといつも思いながら学級担任として過ごしています。

年賀状をもらうと、心配だったあの子やこの子が社会人として働いていることを知ることがあります。支援を要し、必死で指導に取り組んだ子が、大学に受かったという連絡を聞き、胸が熱くなることがあります。

支援を要することの有無に関わらず、大切なことは、

「この学級でよかった」

と思う経験をどの子にもさせてあげることであると考えています。

仲間と過ごせたこの学級はとても楽しかったと思えるようにすること、そうした思い出が、次への学年や学校につながっていくからです。

そのため、

少し遠い先を見て

クラスづくりをしていくことも、大切です。

目の前のことばかりに意識が向き、疲れ切ってしまうことがないように、少し遠い先を見て、この子が大人になったとき、幸せになれるようにするにはどうすればよいか――それを考えて取り組みましょう。

支援を要する子たちも、いつか必ず社会に出ていきます。そのときまでにできるようになればいい――長期的な視野で子どもを捉えることも、時には必要なことだと言えます。

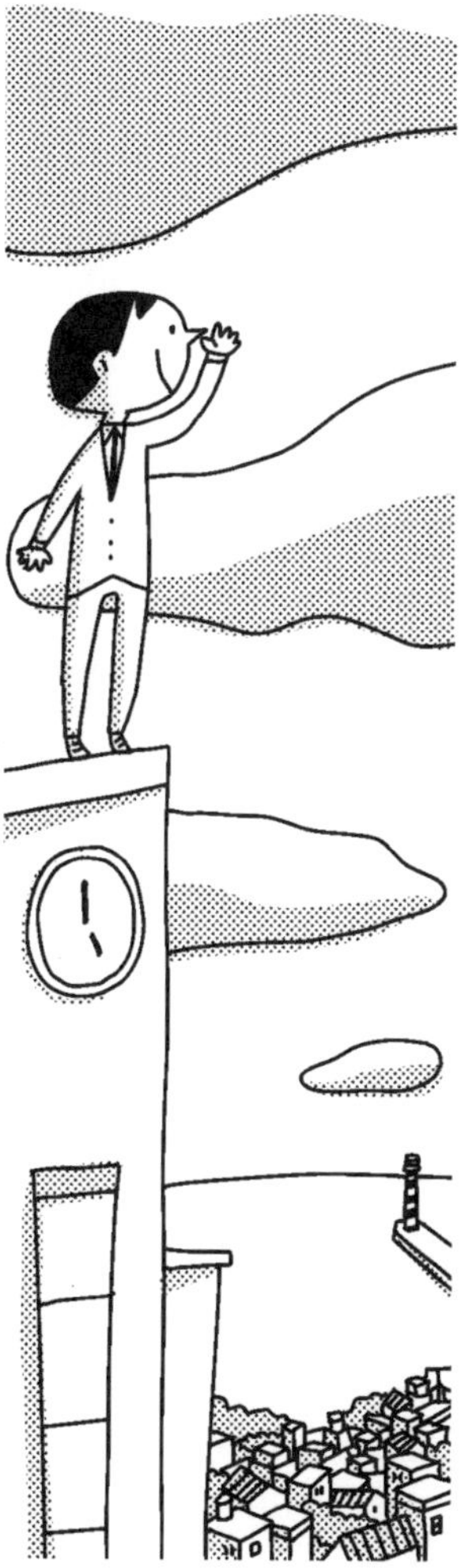

学びを深めるために

桂聖・川上康則・村田辰明編著『授業のユニバーサルデザインを目指す「安心」「刺激」でつくる学級経営マニュアル』（東洋館出版社）

川上康則『〈発達のつまずき〉から読み解く支援アプローチ』（学苑社）

金大竜『新任３年目までに身につけたいクラスを動かす指導の技術！』（学陽書房）

城ヶ﨑滋雄『クラスがみるみる落ち着く教師のすごい指導法！』（学陽書房）

城ヶ﨑滋雄『子どもと「ぶつからない」「戦わない」指導法！』（学陽書房）

多賀一郎・長瀬拓也・山本純人『言葉と俳句の力で心が育つ学級づくり』（黎明書房）

多賀一郎『全員を聞く子どもにする教室の作り方』（黎明書房）

多賀一郎『ヒドゥンカリキュラム入門―学級崩壊を防ぐ見えない教育力』（明治図書）

長瀬拓也編『ＴＨＥ　こども理解』（明治図書）

長瀬拓也『ゼロから学べる学級経営』（明治図書）

西川純・片桐史裕編著『学び合う国語―国語をコミュニケーションの教科にするために』（東洋館出版社）

吉田忍・山田将由編著『トップ１割の教師が知っている「できるクラス」の育て方』（学陽書房）

2章

特別支援教育とは何か

1章の長瀬先生のご提案はいかがでしたか。

そうそう……と共感しつつ、自分の教室の中の気になるあの子に、どのように関わっていけばよいのだろうか、と思いを巡らせた方もおられたことでしょう。

そのために、特別支援教育を学んでみよう。そのような思いで本書を手にとってくださったとしたら、とにかく早く、「〜のような子どもには〜すればよい」というページを読みたいと心待ちにされているかもしれません。

その気持ちに少しブレーキをかけていただき、この2章では、まず、特別支援教育に関連する知識について、ごくごく簡単に触れていきます。ここで扱うのは、特別支援教育に関する制度についての知識

や考え方です。

日常のお仕事の中で、先生方が何気なく耳にされる可能性のある言葉、校内の会議や打ち合わせで、よく耳にされるであろう言葉を並べました。

特別支援教育には、いろいろな専門用語がよく登場します。また、子どもを指導する際には、制度上の仕組みを活用することもあります。そして、自分だけではなく、他の先生方等と連携して仕事をすることも多いのです。

そのようなときに、ここで扱った知識や考え方が、話の理解や連携を助ける役目を果たしてくれます。まずは、特別支援教育のフレームを理解していきましょう。

特別支援教育の前は？

平成一九年度から特別支援教育が始まりましたといった話をすると、若い方々にビックリされることがあります。それまで我が国では、障害のある子ども達の教育はなされていなかったと勘違いされているようなのです。もちろんそのようなことはありません。

それまでは、特殊教育として位置づけられていた教育が、大きな方向性の変化を伴い、特別支援教育となったわけです。

平成一三年に「21世紀の特殊教育の在り方について～一人一人のニーズに応じた特別な支援の在り方について～（最終報告）」が出されました。ここでは

特殊教育…………特別な場においてなされる、障害の種類や程度に応じた教育
↓
特別支援教育……特別な教育的ニーズを把握し、必要な教育的支援を行う教育

という大きな転換が提起されました。

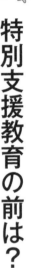

また、この報告では、それまで特殊教育の対象とされていなかった、高機能自閉症、学習障害（ＬＤ）、注意欠陥多動性障害（ＡＤＨＤ）の子どもへの教育についても言及され、全国規模の調査の必要性が提言されました。これを受けて平成一四年に実施された調査の結果、小・中学校の通常の学級には、特別な支援を必要とする児童生徒が六・三％の割合で存在することが明らかになったのです。この調査結果によって、現在、積極的に取り組まれている通常の学級の特別支援教育の必要性が認識されてきました。

このように、それまで行われていた特殊教育から特別支援教育へと転換し、十年近くが経とうとしています。その間には、大きな考え方の変化と対象の拡大、そして、それを実現するための様々な制度改革、提案や工夫がなされてきました。そして、時代は今、インクルーシブ教育を志向する新しいステージへと入っています。

２章では、特別支援教育の進展に関わる様々なトピックについて、その概要を一緒に見ていきたいと思います。特別支援教育は、広範な対象や関連分野をもつものです。本章だけではカバーしきれませんので、扱えないトピックについては、参考文献等でご確認いただければ幸いです。では、進めて参りましょう。

特別支援教育における基本的な考え方

いきなり直球の問いです。

「特別支援教育とは⁉」と尋ねられたら、皆さんならどのようにお答えになりますか。

よく、平成一九年を「特別支援教育元年」と表現します。それは、この年に学校教育法の一部改正があり、法的に特別支援教育が位置づけられたからなのです。その法改正に合わせて、文部科学省初等中等教育局から「特別支援教育の推進について（通知）」が出されました。これは、法改正に伴い進めていく特別支援教育の基本的な考え方や留意事項をまとめて示したものだと言えます。

ここでは、その通知文から特別支援教育の基本的な考え方を見てみましょう。

紙幅の都合で、ここでは大きくポイントを整理すると

- 一人一人の教育的ニーズを把握して、生活や学習上の困難を改善又は克服するための適切な指導及び必要な支援を行う
- 知的な遅れのない、発達障害のある子どもも含めて、特別な支援を要する幼児

児童生徒が在籍する全ての学校において行う
・共生社会の形成の基礎となるもの

だと言えます。

つまり、特別な場における教育ではなく、一人一人の教育的ニーズに対応する教育を行うと示されています。以前の「特殊教育」の対象となっている子どもだけを対象としないと言っているのです。また、特別支援学校は当たり前としても、幼稚園から高等学校までの全ての学校で行うと言っているのです。

これらは、画期的なことでした。

もちろん、現在では、これらは、ごく当たり前の考え方になっています。しかし、この通知文が出たときには、随分新しい考え方だったのです。これから、これらの考え方を具体的、現実的に考えていこうと思います。

【参考】土橋圭子・今野正良・廣瀬由美子他編『特別支援教育の基礎　確かな支援のできる教師・保育士になるために』東京書籍

特別支援教育を推進する体制づくり

では、具体的に特別支援教育を推進するためには、何が必要なのでしょうか。

前項で述べた「特別支援教育の推進について（通知）」には、推進するために必要なことが示されました。それらは、一言で言うならば

特別支援教育を推進するための体制づくり

です。

皆さんは、

・特別支援教育コーディネーター　・校内委員会　・ケース会議
・個別の指導計画　・個別の教育支援計画　等

といった言葉を日常的に聞かれたことはありませんか。また、聞かれたことがあるとすれば、これらの言葉にどのような印象をおもちになっていますか。

実は、今では学校現場において一般的になっているこれらの言葉（動き）は、「特別支

援教育の推進について（通知）」に示されていたのです。これらの内容を簡単に整理すると

・特別支援教育コーディネーター、校内委員会、ケース会議……学級担任など、子どもに関わる一部の人だけが考えずに組織での指導や支援を行うための仕組み
・個別の指導計画……学校内での子どもの教育内容や支援方策などを整理したもの
・個別の教育支援計画……子どもの実態や、外部機関等からの情報を整理し、子どもへの支援内容、方法を多面的、継続的に整理したもの

と言えるでしょう。

支援を要する児童生徒を育てる際に、一人の教師だけの努力ではなく、校内の協力体制、外部機関等との連携体制をつくって進めていくことが重要になるのです。

教育的ニーズに応じた多様な学びの場

いろいろな子ども達がいます。

その子ども達一人一人の教育的ニーズに応じていくと考えたときに、その教育の場にはどのようなものがあるでしょうか。ここでは、義務教育段階に限定して考えてみます。

○特別支援学校
○小・中学校、中等教育学校

では、特別支援学校には、どのような種類があるでしょうか。小・中学校、中等教育学校には、どのような学級が設置されているでしょうか。整理すると次のようになります。

○特別支援学校（視覚障害、聴覚障害、知的障害、肢体不自由、病弱）

← 学校によっては二つ以上の障害に対応する併置校や総合支援学校もある

○小・中学校、中等教育学校

・通常の学級

☆通級による指導（通常の学級に在籍している児童生徒への特別な教育課程の編成による指導）

・特別支援学級

（弱視、難聴、知的障害、肢体不自由、身体虚弱、自閉症・情緒障害、言語障害等）

子ども達への支援について話題になるとき、その「支援方法」だけが検討されることがあります。しかし「教育内容」そのものを検討する必要が生じることもあるのです。

適切な「教育内容」を提供できる学びの場はどこだろう。そのように考えるとき、多様な学びの場を具体的に知っていることは重要になるのです。

新しい就学先決定のシステム

障害のある子ども達がどこに就学するか。それは、子ども達本人にとっても、その家族にとっても重大なことです。

今、その就学先決定のシステムはどのようになっているのでしょうか。

平成二五年に学校教育法施行令の一部改正がありました。それに伴い、文部科学省からその留意事項を示した「障害のある児童生徒等に対する早期からの一貫した支援について（通知）」が示されました。そこには、基本的な考え方として

> **障害のある児童生徒等の就学先の決定に当たっては、障害のある児童生徒等が、その年齢及び能力に応じ、かつ、その特性を踏まえた十分な教育が受けられるようにするため、可能な限り障害のある児童生徒等が障害のない児童生徒等と共に教育を受けられるよう配慮しつつ、必要な施策を講じること。**（傍線は筆者による）

とあります。

ここには重要な二つのポイントが示されています。

一つ目は、特性等を踏まえた十分な教育を受けられることです。

二つ目は、障害のある子どもとない子どもが共に教育を受けられる配慮です。

さらに、改正された学校教育法施行令第五条では、以下のようなポイントが示されているのです。それは

就学先の決定には、本人の状況、必要な支援内容、保護者の意見、教育学、医学、心理学等の専門的な見地からの意見、地域のボランティア等による支援の状況等を含む地域における教育体制の整備状況を勘案する。

（筆者による要約）


といった内容です。

これは今までと異なり、「障害の状態」は就学先を判断するあくまで一要素となったことを示しています。すなわち、これまで以上に、幼少期から、家族と関係する人たちで、丁寧な相談や話し合いが求められることになります。

保・幼・小・中・高等学校連携

ここまで述べてきたように、今、日本では全ての学校あるいは保育園等でも、特別支援教育に関わる取り組みが進められています。そのために、一人の先生だけががんばるのではなく、チームで取り組みを進めていけるようにするための体制づくりを大切にしているのです。

しかし、**子ども達は成長に伴って、暮らしや学びの場を変えて**いきます。保育園、幼稚園等から小学校や特別支援学校、そして中学校や高等学校などへとその場を変えていくのです。その際、**子ども達本人はもちろん、保護者にも大きな不安が募ります。新しい場所でも、穏やかに過ごせるだろうか……という不安**です。

そこで**大切になってくるのが、連携**です。

「これまでは、この子には~のような支援がありました。」
「この子の苦手なことは~です。」
「この子の好きなことは……」

などといった情報をつないでいくのが、連携です。それによって、子ども達が、新しい場所で安定した生活を送れること、そこで成長していけることを目指すのです。

そのときに、役立つツールがあります。

59ページで紹介した、個別の指導計画、個別の教育支援計画です。

これらは、支援を必要とする子ども達についての様子や支援の内容、方法、外部機関との連携状況等を整理したものでした。

連携の際には、これらが大いに役立ちます。口頭だけではなく、記述してあるものを新しい場所に送り届けることで、少しでも、子ども達のことを知ってもらいやすくなるからです。

もちろん、計画を渡せばいいというわけではありません。

できるだけ、実際に会って、顔を合わせて話すことが必要です。できれば、子ども達がそれまでどのように暮らし、学んでいるのかを直接目にする機会が重要です。

と同時に、記述してある内容を、新しい場でどのように使えるのかが重要なのです。

皆さんの職場では、個別の指導計画等は、どのように活用されていますか。計画を間に挟んで保護者と相談されたことがありますか。

単につなぐことが目的ではなく、**子ども達に役立つ連携**が問われているのです。

通常の学級の特別支援教育

特別支援教育とは、本来、特別な支援を必要としている子どもの教育的ニーズに応じた指導・支援を行うことです。それが、平成一九年の学校教育法の一部改正により、通常の学級の子ども達に対しても行われるようになったのです。

先述したように、平成二四年度に文部科学省が発表した調査によれば、「通常の学級に在籍する発達障害の可能性のある児童生徒」は、全体の六・五％（小学校七・七％、中学校四・〇％）であると示されました。

もちろん、通常の学級には発達障害の可能性のある子ども達だけではなく、他にも様々な要因で苦戦している子ども達が存在します。多くの子ども達が、何らかの要因で支援を必要としていることが分かります。

しかし、通常の学級では、多ければ一クラスに四十人近い子ども達がいます。そこで、細やかな個別の指導・支援を行うには限界があるのも確かです。

では、どうすればよいのかという問題になりました。

今、通常の学級の特別支援教育では

○温かな人間関係、集団づくり
○できるだけ多くの子どもにとって分かりやすい授業づくり
○必要に応じた個別の指導・支援

のバランスを大切にした取り組みが行われるようになりました。

子ども達相互の人間関係づくりを大切に、お互いに学び合えるような集団づくりを基盤とします。それによって、全ての子どもが学校内に「居場所」をつくることができるようにと考えているのです。同時に、できるだけ多くの子ども達にとって分かりやすい授業づくりを目指します。昨今、話題になることが多い、ユニバーサルデザイン的な授業づくり等の取り組みが代表的です。それらの基盤の上に、個別の指導・支援を考えていくのです。先述した個別の指導計画を活用した細やかな個別の指導だけではなく、このようなバランスの中での取り組みが大切になります。本書では1章及び4章で、その具体的な取り組みや考え方について詳しく触れています。

特別支援学級における教育

皆さんがお勤めの学校には、特別支援学級が設置されていますか。設置されているとすれば、その対象となっている障害の種類は何ですか。学校教育法第八一条、第一四〇条の規定や学習指導要領の定めにより、特別支援学級には

- **障害種別に設置されるのが原則**
- **児童生徒の実態に応じて、特別な教育課程が編成できる**
- **特別な教育課程の編成時には、必要に応じて特別支援学校の学習指導要領を参考にできる**

といったポイントがあります。

障害種別とは

- **視覚障害**　・**聴覚障害**　・**知的障害**　・**肢体不自由**　・**病弱・身体虚弱**

・自閉症・情緒障害　・言語障害

を指しており、これらを対象とした学級が設置されます。中でも、自閉症・情緒障害特別支援学級の設置数がこの十年近くで急激に増えました。

では、特別支援学級では、どのような内容を指導しているのでしょうか。

国立特別支援教育総合研究所が実施した研究等を参考にして、その教育内容を整理しました。その内容を類型化すると

・通常の学級の教育内容　＋　自立活動
・下学年の教育内容　＋　自立活動
・知的障害特別支援学校の各教科　＋　自立活動

のようになっています。実態に応じて教育内容を変化させるのですが、自立活動の領域を指導することが重要なポイントになります。

自立活動

前項で述べた自立活動とは、一体どのようなものなのでしょうか。
特別支援学校小学部・中学部学習指導要領には

個々の児童又は生徒が自立を目指し、障害による学習上又は生活上の困難を主体的に改善・克服するために必要な知識、技能、態度及び習慣を養い、もって心身の調和的発達の基盤を培う。

と示されています。

ここでのポイントは「学習上又は生活上の困難」です。これが、子ども達を捉える際の視点になるからです。そして、それらを捉えたら「主体的に改善・克服」するために必要な知識、技能、態度及び習慣を養うのです。

では、自立活動の内容は定められているのでしょうか。

実は、細かな内容は定められていません。大まかな内容として、人間としての基本的な

行動を遂行するため、及び、障害による学習上又は生活上の困難を改善・克服するために必要な要素を

「健康の保持」「心理的な安定」「人間関係の形成」
「環境の把握」「身体の動き」「コミュニケーション」

の六区分に示してあります。それぞれに下位項目が示され、合わせて六区分二十六項目に整理されています。また、指導の場面としては

- **特設された「自立活動」の授業場面での指導**
- **教育活動全体を通しての指導**

に大別できます。決められた授業場面だけではなくて、教育活動全体を通して、常に、指導する機会を捉えて進めていくのです。

交流及び共同学習

皆さんの勤務先では、交流及び共同学習は行われていますか。
交流及び共同学習とは何でしょうか。
特別支援学校学習指導要領解説　総則等編（幼稚部・小学部・中学部）には

> 障害のある子どもと障害のない子どもが一緒に参加する活動は、相互の触れ合いを通じて豊かな人間性をはぐくむことを目的とする交流の側面と、教科等のねらいの達成を目的とする共同学習の側面があるものと考えられる。「交流及び共同学習」とはこのように両方の側面が一体としてあることをより明確に表したものである。

と示されています。
その学習形態は

・**小中学校において**
特別支援学級の児童生徒と通常の学級の児童生徒との交流及び共同学習
・**特別支援学校と小・中学校において**
特別支援学校とある小・中学校との交流及び共同学習＝「学校間交流」
特別支援学校に在籍している児童生徒とその居住地にある小・中学校との交流及び共同学習＝「居住地校交流」

のように整理できます。

このように、交流及び共同学習は、本章の冒頭に示した特別支援教育の理念の中でも、共生社会の形成基盤をつくるための大変重要な取り組みになります。そこで、そこに関わる一部の人だけの考え方で実施するのではなく、学校内あるいは学校間で十分に意思疎通を図ることが求められます。関わる教職員の考え方で、その実施内容や方法が、理由もなく大きく変化することを避けるためです。計画的、組織的に交流及び共同学習を実施し、障害のある子どもとない子どもが、相互に理解し合えるような機会にすることが重要です。

居住地校交流

居住地校交流とは、先程ご紹介した交流及び共同学習の中でも

特別支援学校に在籍している児童生徒とその居住地にある小・中学校との交流及び共同学習

のことを言います。

皆さんは、これまでにこの居住地校交流に実際に関わったことがありますか。

先述したように、この居住地校交流には、重要な意味があります。

自分の自宅がある地域を離れて特別支援学校に通学している児童生徒にとって、その地域の子ども達とのつながりの場になるからです。将来、その地域で生きていくとすれば、このつながりは、生涯にわたって続いていく可能性があります。

また、視覚障害や聴覚障害など、その子どもの有している障害によっては、日頃、一〜二名程度のとても小さな集団で学ぶ機会しかないことがあります。そのような場合、居住

地校交流は、日頃よりも大きな集団の中で生活し、異なる様々な刺激を受けたり、集団と関わる機会になったりするのです。

しかし、実際に行っていくにあたっての難しさもあります。

日頃、一緒に学んでおらず接触の少ない子ども達同士が、関係を紡ぎながら過ごしたり学んだりするためには、そこに、相談や準備、配慮等が当然求められるからです。

それらがうまく機能しないと、障害のある子どもが「お客様」的な存在になってしまう恐れもあります。

以前、居住地校交流に行っていたある子どもを取材したことがあります。居住地校交流に行った際の様子を、以下のように教えてくれました。

「学年によって、ロッカーに僕の名前が貼ってあることもあった。嬉しかった。」

「学年によって、休み時間とかも誰も声をかけてくれず、独りぼっちで過ごした。」

同じ子どもから、年度によって全く違う様子の訴えが聞かれたのです。これはなぜでしょうか。恐らくは、学校としての方針が曖昧で、学級担任等、一人の責任で実践されていたからだと思われます。**居住地校交流についての運営は、学校単位で行い、校内でよく相談、打ち合わせをすることが重要**なのです。

通級による指導

皆さんは、通級による指導に関わったことがありますか。

通級による指導とは、学校教育法施行規則第一四〇条及び第一四一条の規定により定められている

各教科等の指導を通常の学級で行う子ども達に対して、障害の特性に応じた指導を特別な指導の場で行う

指導の形態です。その対象となるのは

言語障害者、自閉症者、情緒障害者、弱視者、難聴者、学習障害者（LD）、注意欠陥多動性障害者（ADHD）、その他障害のある者で特別の教育課程による教育を行うことが適当なもの

とされています。なお、その指導時間数は年間三五単位時間から年間二八〇単位時間までとなっています。学習障害者（ＬＤ）と注意欠陥多動性障害者（ＡＤＨＤ）についてのみ、下限が年間一〇単位時間とされています。

では、通級による指導では、どのような指導が行われるのでしょうか。

その指導内容は、70ページで述べた自立活動を行うなど、障害の特性に応じ、それぞれの児童生徒が必要としているものを扱います。特に必要な場合は、これに加えて、児童生徒の障害の状態に応じて各教科の内容を補充するための指導を行えるようになっています。

自立活動　or　障害の状態に応じた各教科の内容を補充する指導
（両方を合わせた教育課程も可能）

通級による指導を受ける児童生徒は、全国的に年々、増加の一途をたどっています。通常の学級での指導に加えて、個別に必要な指導・支援を受けられるシステムとして、今後も益々の発展が期待されます。

「特別支援教育支援員」との協働

「特別支援教育支援員」の方が、皆さんの学校には配置されているでしょうか。この名称は、各自治体によって異なっていますから、名称が必ずしも同じではありません。

「特別支援教育支援員」とは、どのような役割を果たす方でしょうか。

文部科学省はリーフレットの中で

日常生活上の介助、学習支援、学習活動上のサポートを行う者

であると示しています。さらに具体的には

- 基本的生活習慣確立のための日常生活上の介助
- 発達障害の児童生徒に対する学習支援
- 学習活動、教室間移動等における介助
- 児童生徒の健康・安全確保関係

・運動会（体育大会）、学習発表会、修学旅行等の学校行事における介助
・周囲の児童生徒の障害理解促進

の仕事の内容が示されています。

このように、「特別支援教育支援員」は、子ども達への個別の指導・支援に大きな力を発揮する可能性があります。しかし、だからといって、教員が個別の指導・支援を、全て「特別支援教育支援員」に任せてよいわけではありません。教員に求められていることは

・集団への一斉指導における配慮、特別支援教育の視点を取り入れた授業の工夫
・子ども達同士の適切な関係づくりを促す指導
・「特別支援教育支援員」との連絡、相談による役割分担をしての個別の関わり
等

です。本書の1章及び4章で提案している、通常の学級での取り組みを参考にしながら、よりよいバランスでの取り組みを進められるようにしていきましょう。

学校外との連携

皆さんは、これまで、特別支援教育を進める際に、学校外の機関と連絡をとったり、連携をとって仕事を進めたりしたことがありますか。

特別支援教育を進める際には、子どもを育てるために、学校外の機関等と協働することがあります。例えば小・中・高等学校等であれば

保育園、幼稚園等	学童保育	児童デイサービス事業所等
幼児期の通園施設	保健所	地域の各種ボランティア 民生委員等
医療機関	児童相談所	発達障害者支援センター等の相談機関
特別支援学校	障害者就業・生活支援センター	ハローワーク
NPO	警察	教育委員会

等が考えられます。

もちろん、これらは、子どもやご家族の状況に応じて活用されるものであり、一人の子

どもがこれら全てと連携しながら育っていくことは稀だと思います。しかし

・縦につなぐ……これまでの育ちやこれからの人生のために
・横につなぐ……今、関わりのある多くの機関等との連携のために

必要なところと協働していくわけです。また、連携とは、医療機関等の専門機関とだけ行うものではありません。日々の生活を支え、充実したものにするために、地域のボランティアや民生委員等の方々の力が大きな役割を果たすことも多いのです。

このように、連携は多岐にわたることがあります。そこで、それを学級担任等の教員が一人で担えないことも当然起こります。また、学級担任等が一人で判断してはいけないことも生じるのです。ですから、先述したように、特別支援教育の校内体制の充実が求められます。特別支援教育コーディネーターのリードや校内委員会等の協議の場の設置、そして、連携状況やそのプロセスを記述、連絡するものとして「個別の教育支援計画」等の支援ツールが重要になるのです。

保護者の気持ちと家庭との協働

苦戦している子ども。特別な支援を必要としている子ども。

その保護者の気持ちとは、一体どのようなものなのでしょうか。

時折、学校現場等で耳にする言葉があります。

「あの保護者は理解がないので、子どもの障害を認められない。あれでは、子どもの支援ができない。」

皆さんも、こういった類の言葉を耳にされたことはありませんか。

これは、本当なのでしょうか。

私の職場に相談に来られたある保護者がおっしゃったことがあります。それは

「できれば、相談したくなかったし、話したくもなかったんです……」

という言葉でした。その通りだろうなと思うのです。

できれば、相談しなくても子どもの悩みが解決したらいいのです。

できれば、子どもについての、いえ、育てている自分のしんどさについて話さなくても

悩みが解決すればいいのです。私のような、相談に関わっている人間とはできれば会わず

にすめば、それに越したことがないのです。だからこそ、相談場面、保護者のお話を伺う場面では、よくぞ話してくださっている、話してくださってありがとうございますという姿勢が求められるのだと思います。

では、もう少し具体的に保護者とお話しする際には、何を大切にすればよいのでしょうか。私は

・保護者自身の話を伺うこと

子どもの相談には、子どもと関わっている保護者自身の話を伺うことが必要な場合があります。

・何を求められているのか、いないのかに敏感になること

ただ伺うことが解決に至る場合もあれば、具体的に何かを求めて話されることもあります。それらを読み解く力が求められます。

が大切だと考えています。

個別の指導計画、個別の教育支援計画の意味

皆さんは、個別の指導計画や個別の教育支援計画を作成されたことがありますか。作成された方は、それらが子どもの指導・支援あるいは成長に役立ったという実感をもたれたことがありますか。あるとすれば、それはどのような状況においてでしたか。

58ページで述べた特別支援教育の体制づくりにおいて、その重要なツールとして示したのが個別の指導計画や個別の教育支援計画でした。繰り返しになりますが、これらは

・個別の指導計画……学校内での子どもの教育内容や支援方策などを整理したもの
・個別の教育支援計画……子どもの実態や、外部機関等からの情報を整理し、子どもへの支援内容、方法を多面的、継続的に整理したもの

と区別できます。その役割が異なるのです。

では、これらがないと子どもへの指導・支援はうまくいかないのでしょうか。

皆さんは、これまでに、子どもについてのこれまでの情報を引き継がれたことがあるか

もしれません。その際、うまく引き継げなくて、辛い、苦しい気持ちになったことはないでしょうか。そしてその結果として、その子どもが翌年あるいは進学先で苦戦を強いられ、苦々しい思いや怒りを感じたことはないでしょうか。

「伝えたはずなのに、どうして配慮がなされていないのか！」

「伝えた意図とずれている！」

「伝えられていないと言われて唖然！」

といった気持ちになったり、同僚からそのような話を聞いたりしたことがありませんか。

これらの状況は、残念ながらあちこちで生じていると思われます。だからこそ、特別支援教育の校内体制というシステムづくりと「個別の指導計画」「個別の教育支援計画」といったツールを活用しようとしているのです。

個人のメモではありません。組織として作成している計画書です。ここに記述されたことは、単なる個人の思いを超えて、組織として大切にかつ活用されるものです。そして、もちろん実態に応じて、常に修正を検討されるべきものでもあります。

子どもを取り巻く周囲の理解促進

苦戦している子ども。特別な支援を必要としている子ども。

その子ども達を取り巻く周囲の子ども達。そして、周囲の保護者を始めとする多くの地域の方々がおられます。

これまでも周囲の子ども達に「障害理解」を進める取り組みがなされてきています。障害のある子どもの「障害理解」を進めることで、相互の関係がよくなることを期待した取り組みでした。しかし、現在の我が国は、障害のある子どもだけが苦戦し、支援を必要としているわけではありません。家庭環境等で苦戦している子ども達も数多く存在します。

そこでは、不用意な「障害理解」の促進は

「あの子は障害児だから仕方がない。」

「どうしてあの子だけ許されるの？　どうして叱られないの？」等

という周囲の感情を生み出すこともあります。障害のある子だけでなく、周囲の子ども達も、しんどい、ぎりぎりの状況で踏ん張っていることもあるということです。

私たちは『特別支援教育　学級担任のための教育技術』（学事出版）で特別支援教育の

授業技術・10の原則を提案しました。その原則9に「**支援を要する子どもの周りの子の感情にも配慮をしよう**」を示しました。また、星槎大学の阿部利彦氏は『通常学級のユニバーサルデザイン　プランZero』（東洋館出版社）で、特別な支援を必要としている子どもを気にしすぎる子のタイプとして

- **問題行動を真似する子**
- **わざと刺激する子**
- **陰でコントロールする子**

を指摘しています。

これらの提案は、特別支援教育が、支援を要する子どもだけに目を向けるのではなく、その周囲の子ども達にも目を向け、大切にしていくものだという考えに支えられています。

周囲の子ども達との関係を考慮した配慮が必要なことがあるのです。そして、周囲の子ども達も案外苦労している場合が多いものです。その場合、周囲の子ども達にも目を向け、丁寧に関わることが求められているのです。

高等学校における特別支援教育

この本を手にとってくださっている皆さんは、小・中学校の先生方が中心でしょうか。小・中学校の特別支援教育は、課題を有しながらも着実に進んでいると思います。そして、中学校を卒業した子ども達の多くは、現在、高等学校に進学しています。

小・中学校で特別支援教育の視点で指導・支援を受けてきた子ども達は、高等学校進学後にはどのようになっているのでしょうか。

今、高等学校でも、特別支援教育に関わる様々な取り組みが進んでいます。ただ、ご承知の通り、高等学校は義務教育諸学校とは違い、学校によって特色があります。教育課程も異なりますし、在籍している生徒の目標や夢の傾向も違います。多くの生徒が大学に進学を考えている学校もあれば、進学を想定する生徒はほとんどいない学校もあるわけです。つまり、高等学校における特別支援教育の取り組み内容は、学校によって大きく異なっているのです。

もちろん、支援を必要としている生徒の実態を丁寧に把握しながら進めていこうとする基本的な考え方に違いはありません。しかし

・分かりやすい授業づくりにウエイトをおいた取り組みを行う学校
・教室環境の整備にウエイトをおく学校
・SC（スクールカウンセラー）等の生徒への個別の関わりにウエイトをおく学校
・キャリア教育の考え方を重視し、専門機関との連携における就労支援にウエイトをおく学校

等、その取り組みには、在籍している生徒の実態によって特徴があります。

小・中学校等がその取り組み状況を知っておくことは重要です。先述した通り、特別支援教育は縦につながっているからです。小・中学校での取り組みが高等学校にどのように引き継がれるかも重要です。同時に、小・中学校で育てておくべき力は何なのかを検討するためにも、成長した子どものイメージをもつことが求められるのです。

インクルーシブ教育システム

皆さんは、インクルーシブ教育という言葉を聞かれたことがありますか。皆さんが勤めていらっしゃるところで、この教育が話題になることがありますか。

平成二四年七月二三日に中央教育審議会初等中等教育分科会から「共生社会の形成に向けたインクルーシブ教育システム構築のための特別支援教育の推進」という報告が出ました。その中では

インクルーシブ教育システムにおいては、同じ場で共に学ぶことを追求するとともに個別の教育的ニーズのある幼児児童生徒に対して、自立と社会参加を見据えて、その時点で教育的ニーズに最も的確に応える指導を提供できる、多様で柔軟な仕組みを整備することが重要である。

と述べられています。つまり、個の実態に応じた指導を追求すると共に、同じ場で共に学ぶことの追求が重要になるのです。

ユネスコのインクルーシブ教育の定義の中には

特別のニーズを有する学習者がいかにして主流の教育に統合されるかではなく、教育システム全体をいかにして学習者の多様性に対応するように変容させていくかを模索する方向性

といった意味合いが示されています。これは、インクルーシブ教育が、本来、障害のある子どもだけを対象としておらず、全ての子どもを対象としていることを意味します。つまり、インクルーシブ教育は、特別支援教育のみを変化の対象とせず、全ての教育の変化を探るものなのです。

様々な実態と背景をもつ子ども達がいます。その子ども達全てが、誰も排斥されない教育を目指すのがインクルーシブ教育だと思うのです。そのためには、まず、教育の多様性を追究すること、その実現を支えるための意識変革や財政的な措置等にも重きをおく必要があります。

合理的配慮

合理的配慮という言葉は、今後の学校教育の場で、頻繁に聞かれるようになるはずです。前掲の「共生社会の形成に向けたインクルーシブ教育システム構築のための特別支援教育の推進」報告書の中では、以下のように定義されています。

- 障害のある子どもが、他の子どもと平等に「教育を受ける権利」を享有・行使することを確保するために、学校の設置者及び学校が必要かつ適当な変更・調整を行うことであり、障害のある子どもに対し、その状況に応じて、学校教育を受ける場合に個別に必要とされるもの
- 学校の設置者及び学校に対して、体制面、財政面において、均衡を失した又は過度の負担を課さないもの

つまり、子どもの有する障害の状態や教育的ニーズ、教育環境の整備状況、発達の段階等の様々な要件を考慮し、決定していくと述べられているわけです。参考、ヒントになる

アイデアはありますが、それをどの子どもに、どのように使っていくのかについては、個別に考えていくわけです。

国立特別支援教育総合研究所は、そのウェブサイトに「インクルーシブ教育システム構築支援データベース」を設置しました。ここには、様々な合理的配慮の実践事例がデータベース化されています（http://inclusive.nise.go.jp/）。このデータベースでは

〈必須項目〉障害種
〈自由項目〉障害の程度　学校等の在籍状況　学年　合理的配慮の観点等

の項目を入力することで、より実態、状況の近い合理的配慮の実践例を探し出して参考にできるようになっています。このように蓄積された実践例を共有しながら、子ども達にとってより有効な合理的配慮を行っていくことが求められているのです。

障害者差別解消法

平成一八年、国連で「障害者の権利に関する条約」が採択され、我が国は、平成二六年一月に批准しました。障害者の差別の禁止に関する取り組みが進む中、平成二五年六月に、障害を理由とする差別の解消の推進に関する法律（障害者差別解消法）が制定されました。そして、本年、平成二八年四月、この法律、いわゆる障害者差別解消法が施行されたのです。

この法律に示されている障害者とは、障害者基本法の定義と同じで

> 身体障害、知的障害、精神障害（発達障害を含む）その他の心身の機能の障害がある者であり、障害及び社会的障壁により、継続的に日常生活又は社会生活に相当な制限を受ける状態にあるもの

とされています。

また、診断書や障害者手帳を保持していなくても、障害があり、相当な制限を受ける状

態ならば、この法律の対象となります。
障害者差別解消法では

・合理的配慮の不提供
・不当な差別的取扱い

が禁止されました。

特に、国の行政機関や地方公共団体では、合理的配慮の提供に法的義務が生じました。国公立幼稚園、小・中・高等学校、中等教育学校や特別支援学校は、この中に含まれます。92ページに示した、合理的配慮の提供は、私たちの教育活動の中で、大変重要なことになります。この法律が、障害のある人とない人の共生社会の実現に向けて、本当の意味で重要な法律となるよう、様々な事例を通して、地道な話し合いや調整、実現の積み重ねが必要なのです。

学びを深めるために

青山新吾・赤坂真二他編『インクルーシブ教育ってどんな教育？』（学事出版）

青山新吾編著　上條晴夫監修『特別支援教育　学級担任のための教育技術』（学事出版）

阿部利彦編著　授業のユニバーサルデザイン研究会湘南支部『通常学級のユニバーサルデザイン　プランZero』（東洋館出版社）

久保山茂樹編著　青山新吾編集代表『子どものありのままの姿を保護者とどうわかりあうか』（学事出版）

土橋圭子・今野正良・廣瀬由美子他編『特別支援教育の基礎　確かな支援のできる教師・保育士になるために』（東京書籍）

3章

障害種別の子どもへの支援と教師のための学び方

　特別支援教育といっても、障害の種別に分けると多岐にわたります。3章前半では、まずは、一つひとつを簡単に、どのようなものがあるのか、そして、どのようなことが一般的に行われているのかを紹介します。一般的にと綴るのは、ここに書かれている以上のことに取り組んでいる学校もありますし、子ども達の実態から、そこまではしていない学校もあるからです。

　そして3章後半では、教師のための特別支援教育の学び方を紹介します。主に、私が取り組んできたことを順に綴ります。

　どうして特別支援教育を学ぶのでしょうか。それは、次の四つの力が身に付くからです。

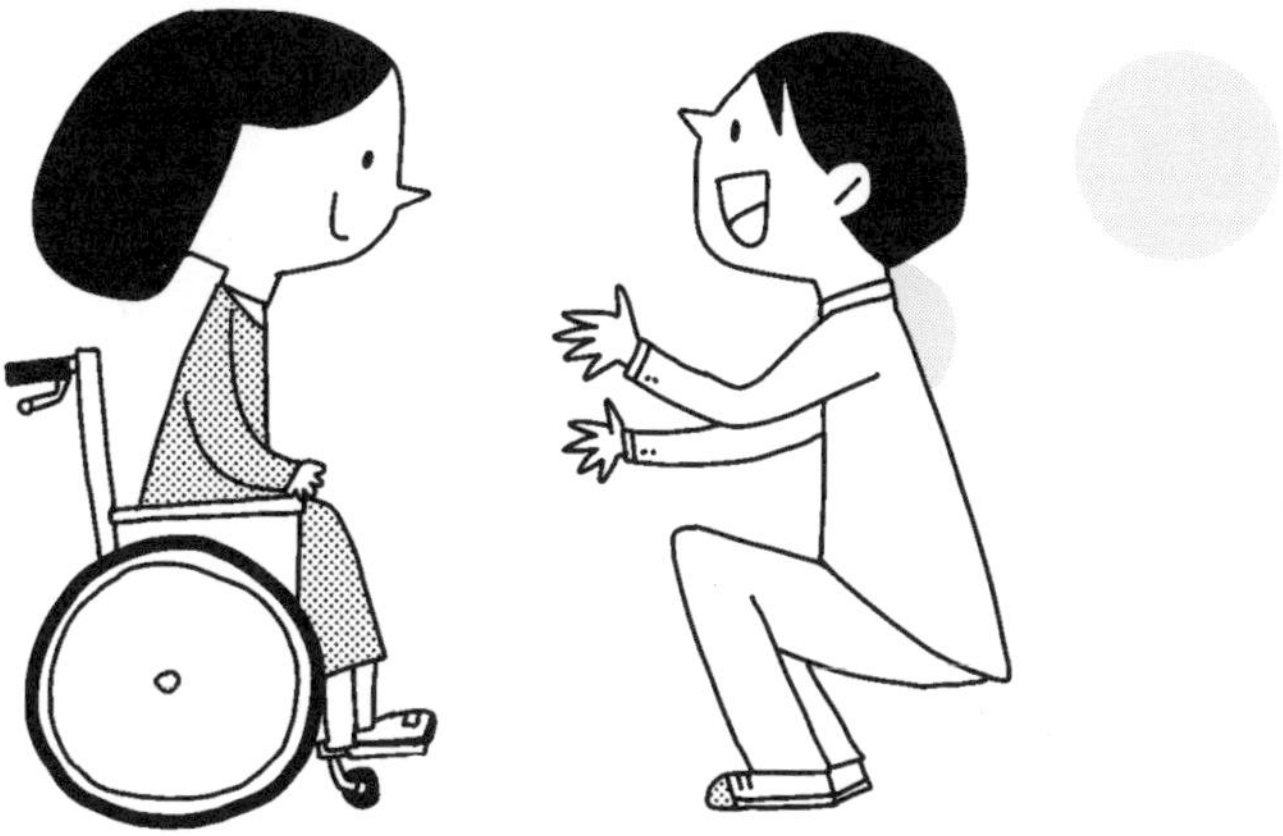

・子ども達の言動の意味が分かる。（子どもを見抜く力）
・怒鳴る指導、つまり力で押さえる指導ではなくなる。（柔軟な指導力）
・子ども達にさせなくてもよい失敗を防ぐことができる。（自尊感情向上力）
・子どもも教師も笑顔が増える。（笑顔にさせる・する力）

一般的な障害の種別の内容を知り、そして、学び方を知ることで、特別支援教育における基本的な知識を身に付けましょう。

「特性支援教育」で、「専手必笑」

特別支援教育の対象とされる子ども達が職員室で話題に上がるとき、「先生のおかげで、あの子が立ち歩かなくなりました」とか、「先生に教えてもらった声かけで、落ち着きました」などの声を頂くと役に立って嬉しいとは思います。でも少し違和感があるのです。それは、

「特別支援教育の目的は、社会性スキルと学力の向上にある」

と考えているからです。「落ち着きました」で、終わってはいけないのです。その子どもの力を引き出し、伸ばして、社会へ巣立ったときに、他人の力を借りつつも、自立していける、「他律的自立」ができる大人へと育つように支援していくことが大切なのです。

二〇〇七年に特殊教育から、特別支援教育と改められ、もうすぐ十年が経とうとしています（詳しくは、2章参照）。まだまだ特別支援教育と聞くと、どこか特別なもの、特別な何かをしなくてはいけないような気がしてしまう人も少なくないでしょう。

次のように考えてみてはどうでしょうか。

人は、大なり小なりの特性をもっています。得意なことやそうでないことがあります。それは、生活していく上であまり困らないことから、周囲の人まで巻き込んで困ってしまうことまで様々です。その特性を成長の早い段階で、支援し教育するのです。これを私は、

「特性支援教育」

と呼んでいます。そのために、

指導の専門性を学び、手立てを増やす

のです。

指導者は、子どもへの手立てをとるときには

必ず、笑顔で

行います。私は、これを

「専手必笑」

と呼んでいます。子どもも教師も保護者もいい笑顔を増やしていこうではありませんか。

まずは、次ページから、特別支援教育の大まかな様子についてまとめていきましょう。

【参考】文部科学省ウェブサイト

視覚障害の子どもへの教育

視覚障害とは、視力・視野など、視《み》るための機能が十分でないため、全く見えない、もしくは見えにくい状態のことを言います。

それぞれの学部別には、以下のような取り組みが行われています。

特別支援学校の幼稚部では、遊びや様々な体験活動を通した支援が中心になります。三歳未満の乳幼児の保護者であっても、教育相談ができることもあります。

小学部と中学部では視覚障害に配慮しつつ、通常の小・中学校と同じ教科の学習をします。ものの形や大きさなどを、触覚・聴覚・嗅覚等を手がかりに確かめる学習も取り入れられています。また、特別支援学校ならではの学習として、点字の読み書き学習・白杖を使った歩行・移動の訓練があります。

高等部では、普通科の授業のほかに、国家資格の取得を目指した職業教育に力を入れているところが多いです。あん摩マッサージ指圧師・はり師・きゅう師・理学療法士などの資格を取ることができます。

いずれの学部においても、子ども達には文字の拡大や白黒反転した教材の使用など、学習への配慮が求められます。子ども一人一人の見える力に合わせて見やすい環境を調整しながら、弱視レンズの使用やコンピューター操作の習得を通して、視覚を最大限活用する学習が行われることになります。

同様に、視覚障害特別支援学級でも、拡大機器、照明の調節、教材・教具の工夫などにより、子ども一人一人の力を高める支援を行います。

・拡大して映す機器の使用
・一人一人の見え方に適した照明を調節
・教材・教具や学習環境を工夫して指導
・拡大文字教材やテレビに文字を提示
・弱視レンズの活用
・視覚によってものを認識する力を高める指導

等により、個々に応じた取り組みを行います。

聴覚障害の子どもへの教育

聴覚障害とは、音や会話が聞こえにくい、もしくはほとんど聞こえない状態をさします。特別支援学校では、子どものもっている力を伸ばすことを重視して、できるだけ早い段階から適切な対応をすることが求められます。視覚障害教育同様、三歳未満の乳幼児やその保護者であっても教育相談等ができることもあります。

それぞれの学部別には、以下のような取り組みが行われています。

幼稚部では、子ども同士がコミュニケーションを図れることを重視し、話し言葉の習得を支援します。補聴器なども、適宜活用します。

小学部と中学部では、教科指導等は小・中学校に準じます。加えて、発達段階等に応じて、指文字（左ページ参照）や手話等、子どもの生活に寄与する自立活動の指導も行われることになります。

高等部では、普通科のほか、多様な職業学科が設置され、キャリア教育も重視されています。一方で、大学へ進学する生徒もおり、多様な進路選択をサポートする必要がありま

指文字一覧

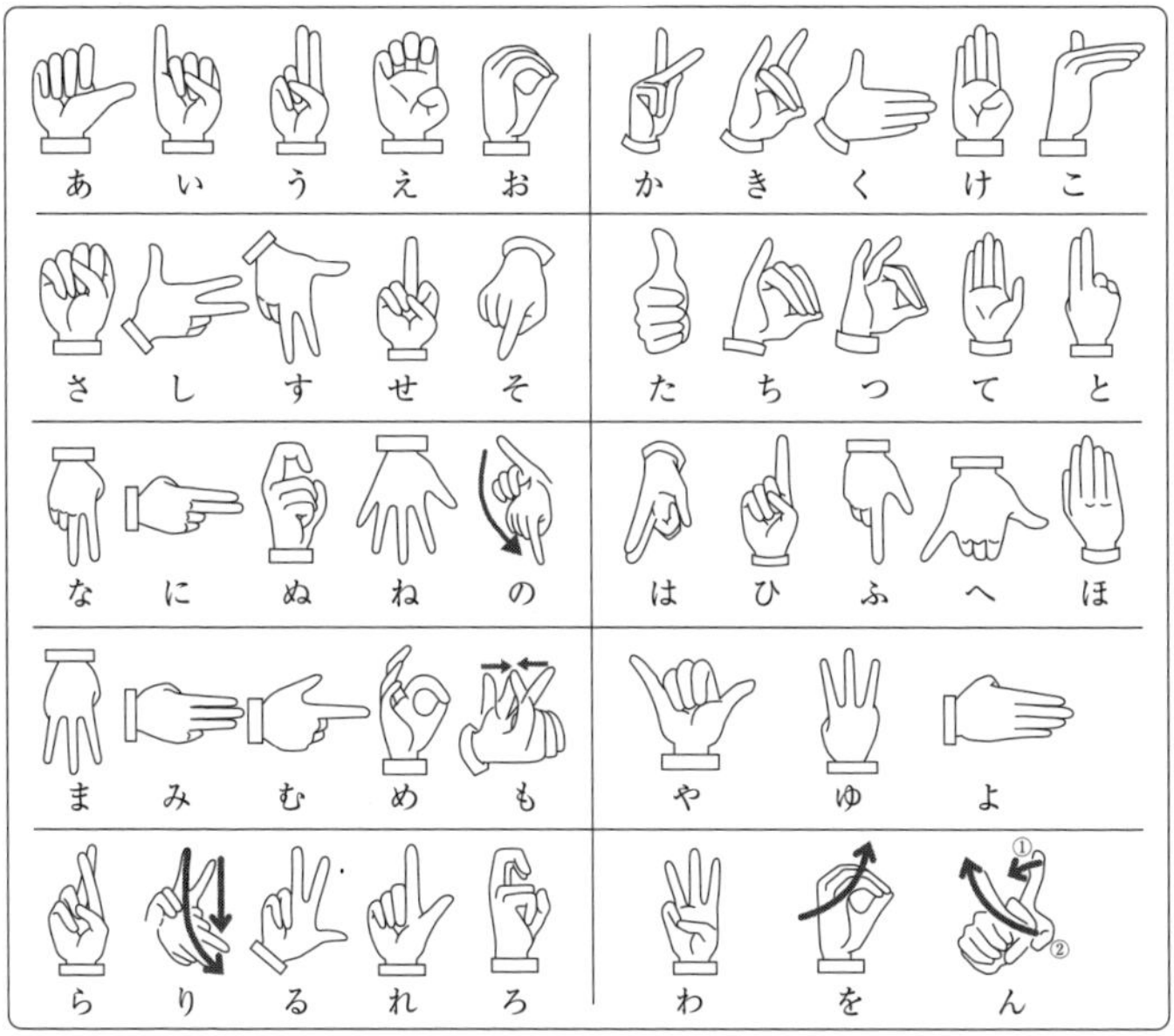

す。

なお、障害の程度によっては、小・中学校の聴覚障害特別支援学級に在籍したり、通級による指導を受けたりして、音や言葉の弁別に重点を置いた指導を受けることもあります。

知的障害の子どもへの教育

知的障害とは、記憶・推理・判断など知的機能の発達に遅れがあり、社会生活などへの適応に支援を要する状態をさします。

特別支援学校・特別支援学級では、それぞれで、次のような取り組みが行われています。

特別支援学校では、教科と領域を合わせた指導形態を中心とした学習を行います。子ども達の障害の程度や発達段階に合わせ、言語・運動・知識面などを、実体験を通しながら指導をすることになります。子どもの発達段階を十分に把握し、社会性スキルを身に付けさせることが求められます。学習形態は、個に応じた個別指導の場合もあれば、少人数の集団指導をすることもあります。発達段階別の重点指導項目は、次の通りです。

小学部	中学部	高等部
・主に基本的な生活習慣や日常生活に必要な言葉の	・小学部の学びの発展 ・集団生活や円滑な対人関	・家庭・職業・社会生活に必要な知識・技能・態度

学習	・社会性スキルの学習
係を学習	・職業生活についての基礎的な事柄についての学習
などの習得	・職業教育の充実

知的障害特別支援学級では、必要に応じて特別支援学校の教育内容等を学習すると共に、小集団の中で、個に応じた学習をすることで、力をつけていきます。発達段階別の重点指導項目は次の通りです。

小学校	・体づくり ・基本的な生活習慣の確立 ・日常生活に必要な言葉の力や数量関係の習得 ・日常生活に必要な技能などの習得
中学校	・小学校の学習の発展と充実 ・社会生活や職業生活に必要な知識や技能の習得

肢体不自由の子どもへの教育

肢体不自由とは、身体の動きに関する器官が病気や怪我等で損なわれたことにより、歩く・話す・書く等の日常生活の動作に困難が生じている状態をさします。そうした子ども達に対しては、それぞれ、以下のような取り組みが行われています。

特別支援学校では、一人一人の障害の程度や発達段階を把握した上で、幼稚園、小学校、中学校、高等学校に準じた教育を行うことになります。それに加えて、日常生活の動作の困難さの改善やそれを克服するための自立活動の指導も行われます。

自立活動の指導では、身体の動きの改善やコミュニケーション力を育てる学習を行うと共に、医療的ケアを要する子どもも在籍していることから、医療との連携は欠かせません。とりわけ高等部では、企業や社会福祉施設と連携した進路指導を重視しています。卒業後の生活を具体的に体験できる実習を取り入れるなど、個に寄り添った支援がなされています。

肢体不自由特別支援学級では、子どもの障害の程度に応じた学習が行われます。各教科、道徳、特別活動の学習に加えて、日常生活に必要な、歩く・話す・書くなどの身体の動きを含めた自立活動の指導がなされます。

障害の程度に応じて、適切な教材・教具を選択すると共に、コンピューター等を有効活用することが求められます。

さらに、通常の学級との交流及び共同学習も頻繁に行われることが多いです。

病弱・身体虚弱の子どもへの教育

病弱とは、慢性疾患等や継続して医療・生活規制を要する状態をさします。また、身体虚弱とは、病気にかかりやすいため、継続して生活規制を要する状態をさします。

そうした子ども達に対しては、それぞれ、以下のような取り組みが行われています。

特別支援学校では、医療や生活上の管理などに配慮しながら学習を進めます。学習の遅れを防ぐため、病院に併設した特別支援学校やその分校、または病院内の院内学級で学習することもあります。

内容は、小・中学校等に準じた教育が行われ、入院前の学校の教科書を使用して学習することもあります。身体面の健康維持と共に、病気に対する不安感や自信喪失などに対するメンタル面支援のための自立活動の学習を行うことが特徴です。グループ学習や個別指導を適宜使い分けることで、学習時間の調節をし、長時間の学習が難しい子どもを支援します。

退院後も健康管理や運動制限等のために、継続して通学し学習をする子どももいます。

病弱・身体虚弱特別支援学級は、入院中の子どものために病院内に設置されたり、小・中学校内に設置されたりするものです。

入院中の子どもに対しては元の学校・学級と連携を図りながら、各教科等の学習を進めます。必要に応じて、特別支援学校の場合と同様に、身体面やメンタル面の健康維持や改善を図る自立活動の学習を行うこともあります。

言語障害の子どもへの教育

言語障害のある子どもは、発音が不明瞭であったり、話し言葉のリズムがスムーズでなかったりします。そのために、話し言葉によるコミュニケーションが円滑に進まず、本人が引け目を感じるなど、社会生活上、不都合な状態であることを「言語障害」を有するとみなします。

そうした子ども達に対しては、それぞれ、以下のような取り組みが行われています。

言語障害通級指導教室では、子どもの興味・関心に即した自由な遊びや会話等を通して学習を進めます。教師との関係づくりを通して子どもの気持ちをときほぐすことが欠かせません。多くの場合、個別指導が中心となります。(場合によって、グループ指導も取り入れます。)

障害の程度や発達段階に応じて、正しい発音や楽に話す方法を学習すると共に、学習したことを生活の中で定着させることが大切です。

また、指導の効果をあげるためには、通常の学級や家庭での関わりが重要なため、担任や保護者との連携協力を図ることが不可欠です。特に、日常的に通常の学級の子ども達と関わるため、通常の学級において障害や当該児童・生徒について理解し温かく支援する学級経営が求められます。

自閉症・情緒障害の子どもへの教育

自閉症（自閉症スペクトラム）とは、社会的コミュニケーションと対人的相互作用の障害であり、過度な社会的接近や日常の会話のやりとりの失敗が見られます。また、興味や感情などが周囲とうまく共有できない困難さがあり、対人的相互作用のために、非言語的なコミュニケーションを用いることが難しかったり、まとまりのない言語的・非言語的コミュニケーションに困難さを示したりします。つまりアイコンタクトやジェスチャーなどは、理解が難しく困難さを見せます。そして、関係をつくり、それを維持したり理解したりすることが困難で、指示されたことを言葉通りに解釈し、周囲との人間関係を構築しにくい状態を言います。

情緒障害があると、情緒の現れ方が偏ったり、その現れ方が激しかったりする状態になります。そのとき、自分の意志で制御できない状態が続き、学校生活や社会生活に困難が生じる状態を情緒障害を有するとみなします。

それぞれで行われている取り組みは以下の通りです。

自閉症・情緒障害特別支援学級や情緒障害通級指導教室では、言語についての理解やその使い方、場に応じた適切な行動について学習します。障害特性から、何よりも安心して学習できる雰囲気づくり、情緒安定のための取り組みを重視することが求められます。

特別支援学級の場合、障害の程度や発達段階を把握して、個に応じた学習を進めることが必要です。基本的には、通常の学級と同じ教科等を学習しますが、対人関係の形成、生活に必要なルール等の学習など、障害特性に応じた指導もなされています。

通級指導教室の場合、指導対象として、自閉症と情緒障害とを明確に分けていることが特徴です。

学習障害（LD）の子どもへの教育

学習障害（LD）とは、知的発達の遅れは見られませんが、特定の能力、「話す」「読む」「書く」「聞く」「計算する」「推論する」の学習や使用に著しい困難を示すことです。

〈話すこと〉 分かりやすく話をすること、自分自身が体験したことなどを話すことが苦手です。また話していても、話題がそれたり、とんだりしてしまうことが多いです。

〈読むこと〉 文字や文章を正確に読むことが苦手です。文の意味も捉えにくいことが多いです。また、本を読んでいるときにどこを読んでいるのか分からなくなってしまうこともあります。これは、横書きと縦書きでも違いがあるので、観察が必要になります。

〈書くこと〉 字を読んで理解はできます。しかし、書くことが苦手です。平仮名、片仮名、漢字などが、左右、上下が反転したり、細かいところが書けなかったりします。漢字に誤字が多く、すぐに適切な漢字が想起できないことがあり、作文や日記なども、自分で考えて書くことが苦手です。

〈聞くこと〉 集団の中で聞く説明や指示、複雑な会話の理解などが苦手です。注意の集中が苦手なケースが多く、指示を忘れて何度も聞き返すことがあります。一つの指示に、二つ以上の指示が含まれてしまうと理解することが難しくなります。

〈計算する〉 数の概念や数の規則性の理解が苦手です。小学校では、足し算や引き算、くり上がりの計算などが苦手なことが多いです。筆算の桁がずれる間違いもあります。

〈推論する〉 文章内容の理解が苦手です。また、具体的なものがない状態で、想像することが苦手なため、算数の文章問題も苦手です。時計や単位が理解しにくい子どももいます。

これらの学習障害の中でも、特に読み・書きに関する障害を「ディスレクシア(Dyslexia)」と呼びます。トム・クルーズは、ディスレクシアであることを公表しています。台本などを読んでもらった音声を聞いて、台詞を覚えているそうです。

注意欠如・多動性障害（ADHD）の子どもへの教育

注意欠如・多動性障害（ＡＤＨＤ）とは、発達段階が年齢と釣り合わない注意力や衝動性、多動性を特徴とする行動の障害です。

ＬＤ・ＡＤＨＤ共に、脳などの中枢神経系に何らかの機能障害があると推定されています。これらは、発達障害に分類されています。

このような子ども達には、困っている事柄に対して、どうすればよいのかを指導します。その多くは、ソーシャルスキル（社会性スキル）トレーニングと呼ばれています。

ソーシャルスキルトレーニングとは、単に「ありがとうは、感謝したいときに言います」とトレーニングするのではありません。対人関係や集団行動などを上手に進めていく上での技術を習得するために行います。最近では、ソーシャルスキルエデュケーション（ＳＳＥ）と呼ばれることもあります。

私たち自身も社会性スキルは、もともともっていたのではありません。親や友人から教わったり、ニュースを見て感じたりして体得してきています。ＡＤＨＤの子ども達は、不注意であったり、衝動性や多動性が高くアンバランスであったりするため、行動から学びにくいのです。

指導は、次のような五段階で取り組みます。

①スキルの必要性を教える…どのようなときにスキルを使うかを教えます。
②モデル学習…手本となる先生や大人が、やってみせます。
③練習…先生や友達などと一緒にロールプレイングの手法を用いてやってみせます。
④振り返る…練習した行動から、今までを振り返ります。練習をしてみせて、教えてもらう先生からアドバイスをもらいます。
⑤実際に使う…教えてもらったことをどのような場面でも使うことができたら、一般化したと言えます。

もちろん社会性スキルを身に付けていく中で、「友達の話をメモしたら分かりやすくなるからメモをもち歩きたい」とか、「集中するには、水槽の音がうるさいので、教室の外に出して欲しい」などの訴えがあれば合理的配慮の観点から、保護者、特別支援教育コーディネーター、そして管理職と合意形成の上で、認めていくことも必要でしょう。

発達性協調運動障害（DCD）の子どもへの教育

発達性協調運動障害（DCD）については、特化して指導していることはありません。しかし、筋肉や神経、視覚・聴覚などに異常がないのに、「ボールを投げる・蹴る」「字を書く」「階段を上る・下りる」などの協調運動に苦手さを見せる障害のことです。アメリカ精神医学会の診断基準（DSM-5）では、運動障害の一つとされています。

不器用や運動が苦手な子どもとして見られることが多いです。そのため、学習成績が影響を受けやすいこともあります。また、同世代の子どもとの遊びについていけないといったこともあり、仲間とのコミュニケーションにも影響を及ぼすことがあります。

症状の程度によっては生活技能訓練を行ったり、社会生活への適応を促すトレーニングを行ったりしますが、まだまだ少しずつ、明らかになってきている障害ですので、これからの動向を見ておくとよいでしょう。

苦手さを見せる運動は、粗大運動と微細運動、そして様々な運動を組み合わせて表出する構成行為に分けられます。

〈粗大運動〉とは、走ったり跳んだり、遠くへボールを投げたり蹴ったりする全身運動のことです。

〈微細運動〉とは、はさみやのりを使ったり、ボタンを留めたり靴のひもを結んだりするような手先の運動のことです。

〈構成行為〉とは、スキップや縄跳び、鉄棒や跳び箱、楽器の演奏など、組み合わせ運動のことです。

映画「ハリー・ポッター」シリーズの主演俳優であるダニエル・ラドクリフは、この障害があると公表しています。インタビューには、「靴ひもが結べない」と明かしたことがあります。

ＤＳＭ-５による障害名の変更とは

ここまで紹介した障害名については、時として変更されることがあります。それは、アメリカ精神医学会が、「精神障害の診断・統計マニュアル」（ＤＳＭ：Diagnostic and Statistical Manual of Mental Disorders）の第五版ＤＳＭ-５（二〇一三年六月）を発行したからです。（すでに、第四版のＤＳＭ-Ⅳ（一九九四年）の発行から十九年が経過していました。）

また、日本の厚生労働省では、疾病及び関連保健問題の国際統計分類（ＩＣＤ：International Statistical Classification of Diseases and Related Health Problems）が発行しているＩＣＤ-10を採用し用いられています。（これについては、最新版が一九九〇年の第四十三回世界保健総会で採択された第十版であり、近年改訂予定との情報がありますので、ここに詳細を明らかにすることは、避けます。）

さて、ＤＳＭ-５が発行されたことにより、今後「発達障害」に関する事柄が、専門家、現場（病院、教育、相談）、一般の人へと浸透していくことでしょう。しかし、これには数年かかります。今後、日本語訳が変更される場合もあります。これからの子ども達の診断名にも、少しずつ変化が生じてくることでしょう。先述した障害名も今後改められていくことがあるかもしれません。その際は最新の言い方を覚えましょう。しかし、今までの障害群が、大きなカテゴリーにまとめられることもあるので、今までの知識が役に立ちますから、どちらも学び、知っていることは、損ではありません。

ＤＳＭ-５には、「発達障害」というカテゴリーは存在しません。「精神障害」が最上位概念で、その下位に「神経発達障害」があります。

「神経発達障害」の下位には、

①自閉症スペクトラム障害　②注意欠如・多動性障害　③特異的学習障害　④知的障害
⑤コミュニケーション障害　⑥運動障害　⑦その他の神経発達障害

があります。

先述した障害の種別に当てはめて読んでください。

同時処理が得意な子どもへの支援

ここまで述べてきた障害の種別とあわせて、子どもへの支援を考える際に留意しておきたいのが、その子の「処理能力」です。

例えば、説明書を読まずに、教材を組み立てるような子どもは、同時処理能力が高いと言えます。ただし、最後まで組み立てられる子ども達のことです。不注意や衝動性が高く、抑制（我慢）できない子どもは、説明書を読むことよりも作りたい気持ちが勝って組み立て始めるに過ぎないため完成しませんので除きます。

同時処理能力が高い子どもは、全体を見て物事を捉える傾向にあります。ですから、最終的な形を見せると理解しやすくなります。

例えば、一昨日の夕食を思い出す際、画像で振り返るタイプです。自宅で料理をする場合、料理をテーブルに並べたときに、ほぼ洗い物も終わっています。あちこちに、手を出して一度に様々なことを終わらせることができるタイプです。

この特性を生かした学習展開を考えましょう。

工作であれば、完成作品を提示し、作成手順を示します。手順は、板書や作成手順を書いた写真や用紙などを提示するとよいでしょう。手順内に絵や図、写真を盛り込むとそれを見て学習を把握するので効果的です。

漢字学習は、漢字全体を捉えさせ、字形の確認をするとよいでしょう。

国語での単元を通して言語活動などが取り入れられている学習では、学習計画全体を示し、学ぶめあて、その表現方法を示すとよいでしょう。学び合い学習ならば、全員がどのような状態になれば、できたと言えるか評価規準を示すこともよいでしょう。

継次処理が得意な子どもへの支援

物事を順序だてて考える子どもは、継次処理能力が高いと言えます。継次処理能力が高いと、物事を順番に捉えて取り組む傾向にあります。ですから、最終的な形をいきなり見せるのではなく、「順番に取り組んでいくと完成するよ」と指導すると理解しやすくなります。

例えば、一昨日の夕食を思い出す際、今日の昼は、うどんを食べて、朝はパンだった、昨日の夕食は……と、順に思い出すタイプです。一つひとつの仕事を順に取り組み、終わらせるタイプと言えます。

この特性を生かす学習展開を考えます。

どの学習においても、順序を示すことです。番号を振ることが、このような子ども達には効果的です。

工作であれば、作成手順に番号を振り示します。

漢字学習は、筆順指導の中で、字形の確認をするとよいでしょう。

国語での単元を通して言語活動などが取り入れられている学習では、学習計画を順に示し、学ぶめあて、その表現方法を明らかにするとよいでしょう。

以上のように、個々の処理能力を見極めた支援を行うことで、その子にとっても、そして指導者にとってもよい授業展開が考えられるようになります。

視覚優位の学習型

先述した二つの処理能力と関連することが学び方、つまり学習型です。大きく分けると三つに分かれます。イギリスの高等学校では、個々の学習型のチェックを行い、生徒に通達し、学び方のポイントを指導するそうです。

まず、視覚優位の学習型とは、見て学習することが得意な子ども達のことです。視覚優位型のタイプを簡単に言い表すと次のようなことが言えます。

・目で見て覚えることが得意
・図や表にまとめることが得意
・記憶するとき、メモを取るときに図や表を使う

そこで、学習支援として、次のようなことを取り入れるのです。

・視覚効果を意識したパソコンソフトの活用

・教科書と同じ内容の掲示物の活用
・漢字や九九など、ワークシートを見ながら、唱える　など

よく「視覚支援」と言われ、たくさんの取り組みや手立てがあります。
この子ども達に向いている学習の仕方は、次の通りです。

・周りに音がない方がよく、一人で勉強するとよい
・人から指導されることに向いている
・覚えるためにメモやノートを取る
・すべきことの計画（To Do）をきちんと書く
・人と話すときは相手の顔が見えているのがよい
・重要なところには下線やハイライトをするとよい
・学習には図やグラフを用いたり、マインドマップを使ったりするとよい
・新しいアイデアを思いついたら、すぐに書き留める
・つづりは書いて覚える

聴覚優位の学習型

聴覚優位の学習型とは、聞いて学習することが得意な子ども達のことです。聴覚型のタイプを簡単に言い表すと次のようなことが言えます。

・耳で聞いたり、しゃべったりして覚えることが得意
・聞いた言葉をテープレコーダーのように再生することができる
・言葉遊びが得意

聴覚優位型を意識した学習支援の例を挙げると、

・声に出しながら、文を読む、字を書く
・計算の手続きを話す（復唱法）
・漢字や九九などを唱える

などが挙げられます。この子ども達に向いている学習の仕方は、次の通りです。

・音楽を聞きながら勉強する
・大事なことは録音しておく
・覚えるために言葉遊び（語呂合わせなど）をつくる
・大きな声で言ってみたり、歌ったりして学習する
・学習する前に何をするか、声に出してみる
・つづりは声を出しながら覚える
・誰かと一緒にいるのがよい
・声に出して指導されるのがよい
・自分の意見を言う機会を与えられるとよい
・一度にひとつの課題だけをする

運動優位の学習型

運動優位の学習型とは、体を動かして学習することが得意な子ども達のことです。運動優位型のタイプを簡単に言い表すと次のようなことが言えます。

・手を動かして書いたりゲームなどをして体全体を使ったりと体で覚える
・図工や体育が得意
・聞いたこと、読んだことを実際にやってみる方が理解が早い

運動優位型を意識した学習支援は、特別支援教育に限らず、たくさんの先生方が取り組まれているかもしれません。どんどんやってみることがこれにあたると言えるでしょう。

・実際に筆算の計算をする
・説明しながら、やらせてみる
・字などは、空書きをしたり、字の上を指や鉛筆でなぞらせる

空書きなどは、頭の先から足の先までを結んだ身体の真ん中の線（正中線）を左右にまたぐようにすると効果的です。手を組んで取り組む方法があります。

この子ども達に向いている学習の仕方は、次の通りです。

・考える時間、計画を立てる時間を与えられるとよい
・コンピューター等に自分の学習を記録、あるいはスライドや資料をつくるとよい
・実用的な作業（学習）に関わるのがよい
・自分の作業（学習）空間は自分でつくるのが適している
・自分の作業（学習）を見てもらい、修正や校正の助けを受けるとよい
・考えているときは動き回れるのがよい
・自分でなんでもやってみるのが向いている
・勉強中は休憩が頻繁に必要
・一人で読んだり作業（学習）したりする課題が向いている
・ドラマやロールプレイに参加するのがよい

特別支援教育の視点を入れるとは

「授業には、特別支援教育の視点を入れていますか」と、問われることが多くなってきました。その答えの多くが、「共有化」「視覚化」「焦点化」の三つの観点で論じられます。そして、その手立てを取り入れた実践が公開されています。しかし子どもの実態よりも、手立てが先であっては、本末転倒です。まずは、子どもの実態把握が大切なのです。そしてその結果、とるべき手立てが選ばれるのです。ゆえに、特別支援教育とは、子どもの観察から始まるのです。

全ては挙げられませんが、簡単に箇条書きで挙げると、次のようなことを観察する視点を、私は大切にしています。

・言葉の理解力、表現力 ・興味関心の度合いとそのもの ・遊びや作業への集中度 ・学習の理解度	・作業に関する手指の巧緻性 ・利き手や利き目 ・鉛筆の持ち方 ・左右の分化

・排泄、衣服の着脱 ・食事などの身辺を整理する力 ・姿勢から見える生活習慣や性格 ・対人関係の状況 ・保護者と子どもの関係 ・歩く、走るの運動能力	・正中線交差 ・舌の使い方 ・眼球運動 ・連合運動（回内回外運動など） ・反射反応の有無

子ども達の言動には、必ず理由があります。だから、「何をした」「何を言った」ではなく、「どうしてそのような言動に至ったのか」を背景要因や誘発要因を見極めながら、観察するのです。

子どもを「みる」とは

特別支援教育の視点を取り入れるためには、よく「子どもをみる」ことが大切です。「みる」という言葉をあえて平仮名で書いているのには、次のような意味を込めています。

それは、

「見る」……視覚的に見る
「覧る」……全体を一望するように覧る
「観る」……見物するように観る
「視る」……視点を絞って視る
「看る」……気を配る
「診る」……医者のように体、健康の状態を診る

の六つの意味があるからです。

子どもの観察は、ここまですれば終わりというものがありません。なぜなら、

「昨日の子どもは、今日の子どもとは違う」からです。日々成長しているからです。これは、ずっと続きます。

「子どもをみる」という言葉を使うとき、先述した子どもの実態把握、その背景要因、学びの型の見極めまでをして、「子どもをみる」「特別支援教育の視点を入れる」ということだと考えています。そして、その子ども達に合った手立てが、「共有化」「視覚化」「焦点化」されることが大切なのです。子どもの実態把握のない手立ては、「特性支援教育」の「専手必笑」とは、言えないでしょう。

人物画から子どもをみる

私は、子どもと出会うとまず、どの学年においても、人物画を描かせます。Ａ４判の白紙に、「頭の先から、足のつま先までの自分を描きましょう」と指示します。これだけです。それ以外は、指示をしません。子ども達から質問があっても、この言葉を繰り返します。

人物画からは、ボディイメージや発達年齢を捉えていきます。例えば、まだ幼さが残る場合は、ぐるぐる描きの子どももいます。丸い顔と体から両手両足が出た太陽が人物化したような絵を描く子どももいます。そうかと思えば、大人顔負けの絵を描く子どももいます。クラスの人数分だけの様々な人物画がそろいます。

ある子どもは、左ページの下のような絵を描きました。どこから腰なのか分かりにくい絵です。また、手や足のバランスも整っていません。鼻や耳もありません。見方については、詳しく綴りませんが、視覚指示・支援の必要な子どもが描く絵なのです。個別に声かけが必要だということがみてとれます。

また、その子どもが描くボディイメージがアンバランスなため、転んだときに手で支えるのかどうか、階段の上り下りはどうか、腕や足を使った運動面はどうかなどを実際の動きから観察し、確認します。不器用さがある場合には、大きな怪我につながらないような配慮が必要です。

さらには、生活面で確認したいことも見えてきます。顔の描き方から、まだまだ幼さが残るので、教師が思っている以上に、指示や発問、そして説明などは、かみ砕いて説明してあげる必要があるかもしれません。言葉のみの音声言語だけではなく、具体物を用いたり、絵を描いて見せたりすることで、やっと伝わる子どもかもしれないのです。

このように、これまで述べてきたような障害種別の教育の手立てや処理能力、学習型の違いに加えて、右記のような個々に留意すべきことなどを踏まえて、一人一人に合った支援をすることが求められます。

特別支援教育の知見を学ぶということ

ここからは、教師のための特別支援教育の学び方について述べていきます。私が綴ることの多くは、自身が足を運んで学んできたことです。繰り返しになりますが、特別支援教育を学ぶと、次の四つの力が身に付くでしょう。

・子ども達の言動の意味が分かる。（子どもを見抜く力）
・怒鳴る指導、つまり力で押さえる指導ではなくなる。（柔軟な指導力）
・子ども達にさせなくてもよい失敗を防ぐことができる。（自尊感情向上力）
・子どもも教師も笑顔が増える。（笑顔にさせる・する力）

学んで一番実感できることは、怒鳴ることがなくなることです。子ども達のつまずき行動を見ても、「しょうがないなあ」とか、「あれは、今の発達段階では、難しいな。だから、前段階を取り組ませよう」と思えるので、自分自身にゆとりが生まれます。

ゆとりが生まれると、自然に表情も柔らかくなります。

もちろん、絶対に怒鳴るなと言っているのではありません。

・怪我をする、命に関わるとき
・他人の不幸の上に自己の幸福を築く行為をとったとき
・三度伝えても、改めようとしないとき

には、一喝も必要かもしれません。しかし、「特性支援教育」の知見を用いて、「専手必笑」の手立てを取れば、これもまた、少なくなるのです。

特別支援教育という名のつくセミナーに通う

官制研修などで、特別支援教育や発達障害、学習困難などのキーワードに敏感になっておくことが大切です。これらについての研修があれば、どんどん参加しましょう。一度聞いたことがあっても、繰り返し拝聴することで、学びが定着していきます。

また、民間の団体が主催する教育セミナーも頻繁に行われています。官制研修などで物足りなく感じたり、より深めたいと思ったら、自主的に参加するとよいでしょう。中には、心理士などの資格の必要な研修などもあり、内容が高度なものもあるかもしれません。（資格がないと参加できないこともあります。）自身のレベルに応じて、参加をしましょう。

受講始めは、専門用語が頻繁に出てきて大変かもしれません。そのようなときには、

『ＬＤ・ＡＤＨＤ等関連用語集』（日本文化科学社）

を一冊もっておくと重宝します。特別支援教育の辞典です。（もう第三版になっています。）専門用語などは、一般的な電子辞書などには掲載されていないことがあります。また、インターネットでは、個人のブログなどの記事の中で、拡大解釈をされていることもあり、注意が必要です。正しく学ぶためにも、最新の辞典をもつことをおすすめします。

特別支援教育士養成セミナーで学ぶ

特別支援教育士〝Special Educational Needs Specialist〟略称：S.E.N.S（センス）とは、一般財団法人特別支援教育士資格認定協会が認定するＬＤ・ＡＤＨＤ等のアセスメントと指導の専門資格です。特別支援教育士（S.E.N.S）の養成は二〇〇一年三月から始まりました。二〇〇四年度までは資格名を「ＬＤ教育士」としていました。しかし、教育支援の対象がＬＤだけでなくＡＤＨＤ等にも拡大している現状に合わせて、二〇〇五年度より新しい資格名となりました。

二〇一五年現在、関東・関西・九州・東北の各地区で開催している養成セミナーには、学校の教員を始め、ＬＤ・ＡＤＨＤ等の児童・生徒の支援に関わる専門職の人たちが、全国から数多く参加しています。

特別支援教育士（S.E.N.S）の資格を取得するには、

①一般社団法人日本ＬＤ学会の正会員であること

②ＬＤ・ＡＤＨＤ等の関連職種に所定の時間以上従事していること（このほか指定大学院を修了した人なども可）

③協会が主催する養成セミナーを受講し、規定のポイントを修得すること

が求められます。現カリキュラムでは、概論、アセスメント、指導、特別支援教育士の役割、実習の五つの領域から合計三十六ポイントを修得することになっています。

さらに、特別支援教育士（S.E.N.S）の資格を取得して二年以上経過した人の中から、ＬＤ・ＡＤＨＤ等の研究・指導実践に優れている人、各地域でＬＤ・ＡＤＨＤ等の教育・支援活動の中心となっている人に、「特別支援教育士スーパーバイザー（S.E.N.S-SV）」の資格を授与しています。協会では、S.E.N.S-SVを、専門家チームの一員として、ＬＤ・ＡＤＨＤ等のアセスメントや個別の指導計画の立案・実施に関して周囲の人たちに指導助言でき、その地域の特別支援教育のリーダーとして十分な実践歴をもつ人材、つまり、特別支援教育の「真のプロフェッショナル」として位置づけています。

【参考】一般財団法人特別支援教育士資格認定協会ウェブサイト（http://www.sens.or.jp/）

夜間大学に通う・紹介される本で学ぶ

より深く学ぶために、地元の大学の講座に通うという方法もあります。内地留学といって、自治体では、大学院などに通い専門知識を学ぶこともできます。

また、そこまでしなくとも、大学によっては、土曜日や日曜日、平日の夜間に公開講座として、特別支援教育関連の講座を開いているところがあります。私自身も、夜間講座を受講するために、地元の大学へ出かけています。遅い時間からのスタートではありますが、同じようにやってくる先生方と近況報告をしながら、受講しています。最新情報を拝聴でき、学びの機会となるでしょう。

また、そうした講座などに出ていると、時折、資料や本の紹介などをしてもらえることがあります。

無料でおすすめなのが、文部科学省や厚生労働省のメールマガジンです。全てを読む必要は、ありません。メールマガジンの内容のほとんどが、サイトへのリンクになっています。つまり、興味のある事柄だけ、リンクをクリックし、その先のサイトの情報から学ぶのがこつです。

しばしば、本の選び方の質問を受けることがあります。基本的な事柄については、先述した特別支援教育士（S.E.N.S）の教科書になっている『特別支援教育の理論と実践』第一巻から第三巻（金剛出版）の三冊がおすすめです。資格取得のための教科書なので、これで基本が分かることでしょう。

特別支援教育は、多岐にわたるので、興味の湧いたところから学んでいきましょう。

現場から学ぶ

個別の指導計画のある子どもを担任することが、一番学びに直結すると考えています。

私自身も積極的にそういった子ども達の担任をさせてもらいました。時には、学年内の個別の指導計画のある子ども達が全員我がクラスなんてこともありました。でも、様々な特性のある子ども達といると、今まであわてて取り組ませたことが意外と必要ではなかったり、当たり前のように学級で取り組ませていたことが成立しなかったりということが肌で分かります。

この本を手にする方は、若い方や教職経験年数が短い方だろうと推察します。そうであるならば、まずは、特別な支援を要する一人の子どもから担任をさせてもらうといいでしょう。きっと、その子どもから学ぶことはたくさんあるでしょうし、その子の保護者の方からも教えてもらうことができるでしょう。セミナーで学ぶよりも現場で学ぶ方が、何倍も教師力を上げることができるからです。そして、受けもった子どもの実態を書籍やセミナーなどの話で確認していきます。

なお、子どもの理解の一つに、身近な専門家に聞くという方法があります。それは特別支援学校がセンター的機能を果たし、各小中学校と連携し、指導・アドバイスをすることになっているからです。各校の特別支援教育コーディネーターを通して質問、または、子どもを見てもらうことが可能です。きっと有益なアドバイスを頂くことができるでしょう。

また通級による指導や様々な支援事業が取り組まれているので、その制度を活用することも、有効な手段です。

「特性支援教育」の手立てを考えさせてくれる子ども達は、教師のあなたにとって、教師力、授業力に留まらず、あらゆる力を「パワーアップ」（私は「ぱわぁあっぷ」と呼び、クラスでも繰り返し使っています）してくれることでしょう。

応用行動分析で言動から原因を探る

■事例から想像する

障害のある子どもを担任させてもらうのが一番の学びであると言っても、経験年数が短ければ、なかなかうまくはいかないものです。そこで、応用行動分析の手立てを使います。応用行動分析（ＡＢＡ：Applied Behavior Analysis）とは、簡単に言うと、その子どもが起こした行動の前後を分析する方法です。

次のような事例で考えてみましょう。子どもが、授業中に課題のプリントに取り組まず私語を始めました。それに対して、先生は「うるさいなあ。何で、しゃべるねん。このプリントをやったら、授業も終わりやろ」と言います。しかしその子は、「うるさいなあ」と言い返してきました。やりとりしている間にチャイムが鳴り、その子は、プリントを放り出したまま遊びに行ってしまいました。

ここではまず、どうして私語をしたのかを想像します。

・この授業前に、嫌なことがあった
・授業の内容が分からず、課題をやりたくなかった
・家庭でトラブルがあり、なんとなく気持ちが落ち着かない
・体調が悪い
・先生と話したかった
などが想像できます。
次に、私語をしたことによって、その子どもが何を得たのかを想像します。
・家でのいらいらの鬱憤を晴らせた
・運動場へ出ることができたので、課題をやらなくてすんだ
・先生に注意してもらった（関わってもらった）
などが想像できるでしょう。

■分析

これらを応用行動分析では、次のように言います。

・私語及びそれに対する注意→先行条件
・反論・暴言→不適切行動
・反論・暴言の後に起こった出来事（報酬）→結果

先行条件と結果を変えると、不適切行動も変わります。例えば先行条件を「私語を無視する」に変えます。すると不適切行動である「うるさいな」はなくなります。

そもそも、私語自体を不適切行動だと捉えるならば、先行条件を「授業の内容が分からないからかな」と想像すると、プリントの問題数を少ないものに替えたり、ヒントカードを渡したりすることできちんと取り組む＝結果が変わるかもしれません。

このように、先行条件、不適切行動、結果を観察し、データを集めます。最低でも一週間程度、行います。その中で、先行条件として考えた事柄を消去していきながら、原因を特定し、支援につなげていくのが応用行動分析です。

応用行動分析学
-Applied Behavior Analysis-
ABA
先行条件
・嫌なこと
・トラブル
・体調不良
不適切行動
私語
結果
いらいら解消
課題をしない
先生と話す
先行条件と結果の関係性を観察する。

最新情報を知り、保護者に解説する

先述のように、特別支援教育や障害について学ぶための講座や、資格を取るためのセミナーに参加すると、様々な事例を知ることができます。自分の指導や自分の思考の癖などを振り返ったりもできるでしょう。子ども達への指導の在り方の改善につながります。そして、最新動向も学べます。(S.E.N.S の資格を有せば、各都道府県にある S.E.N.S の会で行われている更新研修や自主研修に参加することもできます。)何よりも、様々な形で連携を図ることができるので、分からないことがあれば教えてもらうこともできるようになるでしょう。

保護者の中には、専門機関へ相談に行ったものの、専門用語が理解できなかったり、発達検査などの報告文書を読んでも意味が分からなかったりして、学校へ相談に来られる方もいらっしゃいます。その際、S.E.N.S の資格を取得していれば、検査結果を読み解き、子どもや保護者の方が困っていることを分かりやすく伝えることができます。その保護者からの信頼はもちろん、学校への信頼も向上するでしょう。こうした取り組みは、保護者を交えた校内委員会、ケース会議と言えます。万が一話がうまくいかなかった場合に備えて、管理職にも同席していただくようにするとよいでしょう。

学びを深めるために

一般社団法人日本 LD 学会編『LD・ADHD 等関連用語集　第３版』（日本文化科学社）

高山恵子・平田信也『ありのままの自分で人生を変える　挫折を生かす心理学』（本の種出版）

『特別支援教育の実践情報』（明治図書，隔月刊誌）

『LD，ADHD & ASD』（明治図書，季刊誌）

4章

特別支援教育の視点から考える通常の学級の授業づくり

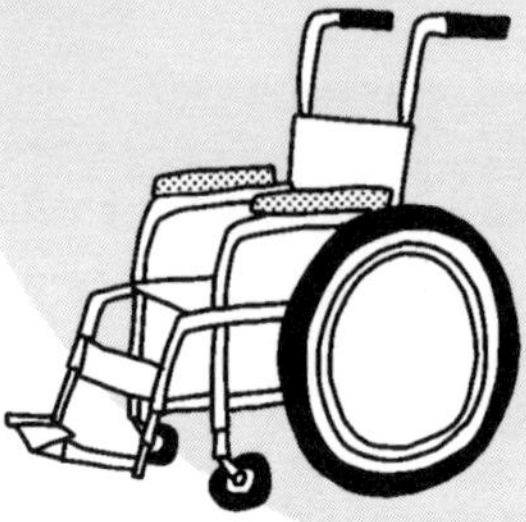

4章では、授業づくりについて考えます。

子どもたちが学校で過ごす時間のほとんどは、授業です。つまり、学校生活の軸は、やはり授業と言えるでしょう。

「落ち着いた授業」「楽しい授業」「わかる・できるようになる授業」そんな授業を、いつも行うことができれば、子どもたちの学校生活への意欲が高まりますし、先生との信頼関係も築いていけます。

反対に子どもたちが授業に不安や不満を感じれば、先生や教室から子どもたちの気持ちは、離れていってしまいます。

それはわかっていても、毎日、何時間もの授業を、子どもたちの期待に応えながら行うのは、簡単なことではありません。

まして、通常の学級には、いろいろなタイプの子どもたちがいるわけですから、いつもその子たちみんなが満足する授業を行うことは、ベテランの先生にとっても難しいものです。

そこで、この章では、特別支援教育の視点をもとに、

・どの子も参加できる授業
・どの子もわかる・できるようになる授業
・どの子も力をつける授業

という三つの授業づくりを取り上げ、紹介することにします。

みなさんの日頃の授業や教室の子どもたちの様子を重ね合わせながら、明日からの授業づくりにつながる方法やアイデアを見つけてみてください。

特別支援教育の視点を整理する

特別支援教育という言葉が学校現場で使われるようになり始めた十年ほど前、通常の学級においてどのように特別支援教育を実施すればいいのか、多くの先生が戸惑いの中にいました。それから十年ほどが過ぎ、今では、ユニバーサルデザインや学校スタンダードなどの言葉と共に、特別支援教育の視点を生かした授業づくりについての実践が広く伝わるようになりました。

ところが、特別支援教育という言葉は大変幅が広いので、その視点は何かということになると、かなり曖昧になっている面があることも否めません。

特別支援教育の視点から通常の学級の授業づくりをゼロから考えるにあたり、まずは、特別支援教育の視点とは何かということから、整理することにします。

通常の学級の中に、特別支援教育の視点を取り入れるという取り組みの中で、最近は、ユニバーサルデザインという表現がよく使われています。学校におけるユニバーサルデザインの考えは、授業のみならず、学級経営や教室環境、友達との関係づくりまで、広い範囲に及んでいます。その中のひとつ、授業に関するユニバーサルデザインについても、多くの立場で考え方や実践が提唱されているのが現状です。

この授業に関するユニバーサルデザインと、最近の学校現場での現状を照らし合わせてみたとき、大きく三つの立場から、特別支援教育の視点を授業に取り入れていくことができると考えます。

一つ目は、授業参加、授業成立という視点です。発達障害の子がいるから学級が荒れたり、授業が成立しなくなったりするわけではありませんが、そうした気になる子の存在が、学級の荒れや授業不成立の要因のひとつになることはあります。

二つ目は、教科指導の目標にせまるという視点です。どの子も、その授業のねらいに即した内容が分かる・できるようになるために授業を改善するということです。

三つ目は、これからの社会を担うための力をつけるという視点です。アクティブ・ラーニングを始めとするこれから必要な資質や能力を伸ばす授業づくりに、特別支援教育の発想を生かしていくということです。

三つの視点で授業を見る

次の三つの視点で、授業における特別支援教育の視点を整理しました。

授業参加を促す視点

授業のねらいにせまる視点

力を育てる視点

この三つの視点について、もう少し掘り下げてみます。

指導の腕を磨き、日々の授業の質を上げていくのが、教師の務めではありますが、実際の学校現場では、優れた授業を求める前に、まずは、子ども達を授業に参加させる、授業を授業として成立させることが課題になっています。これができずに苦労している教室がたくさんあります。そのための手立てを考える上で、特別支援教育の視点が役立ちます。その子への支援に留まらず、他の子の授業参加も促し、授業が成立する教室づくりにつながることが大いにあるのです。

二つ目の視点は、教科との関係です。授業の本質は、参加させるだけでなく、それぞれの教科のねらいを達成することです。教室に多様な子ども達がいる中で、どの子にも合わせて一斉に授業することは大変難しいことですが、特別支援教育の視点を取り入れることで、授業をどの子も分かる・できるものに近づけることができます。

三つ目の視点は、力を育てるということです。これからの時代を担う子ども達の力を育てるために、これまでの教師主導の一斉指導ではなく、子ども達の活動を中心とした新しい授業像が求められています。アクティブ・ラーニングと呼ばれる授業がその代表とも言えるでしょう。こうした授業は、特別支援教育の対象となる子ども達にとっても力を伸ばすことができるものが多いです。

本章では、特別支援教育の視点から考える通常の学級の授業づくりとして、この三つの視点のもとに、授業の参加を促すアイデア、授業のねらいにせまるコツ、授業で力をつけるしかけを紹介していきます。けれども、これらのアイデア、コツ、しかけを全て取り入れればうまくいくということではありません。自分の学校や学級の現状、目の前にいる子ども達の実態、そして自分自身の指導力を重ね合わせて、今、自分の授業に必要な工夫は何かを考え、取り入れていくことが何よりも大事です。

授業を分割化して、参加を促す

様々な学習の苦手感から、授業に気持ちが向かない子ども達がいます。そういう子ども達が最も強く感じている負担感は、「時間」ではないかと思われます。自分ができないこと、分からないことがずっと続く時間は、どれほど苦痛なものか計り知れません。

子ども達の時間の負担感を減らすために、四十五分の授業を分割する授業の試みがあります。例えば、

国語科では、「音読」「漢字ドリル」「教科書」

算数科では、「復習タイム」「教科書」「ミニテスト」

社会科では、「フラッシュカード」「地図帳クイズ」「教科書」

このように時間を明確に区切って進めていく授業です。一般的な音楽の授業のような展開と考えると分かりやすいかもしれません。

そもそも子ども達が集中できる時間は、それほど長くはありません。特に低学年では尚

更です。幼児向けのテレビ番組を見ると、分単位で内容が変わっていくのが分かります。その傾向は、十年、二十年前に比べてより顕著に表れているようにも感じます。

教科書の指導書の展開例を見ると、多くの場合は、四十五分単位で構成されています。けれども、子ども達の参加意欲を考慮すると、必ずしも四十五分で考えない方がいいこともあります。

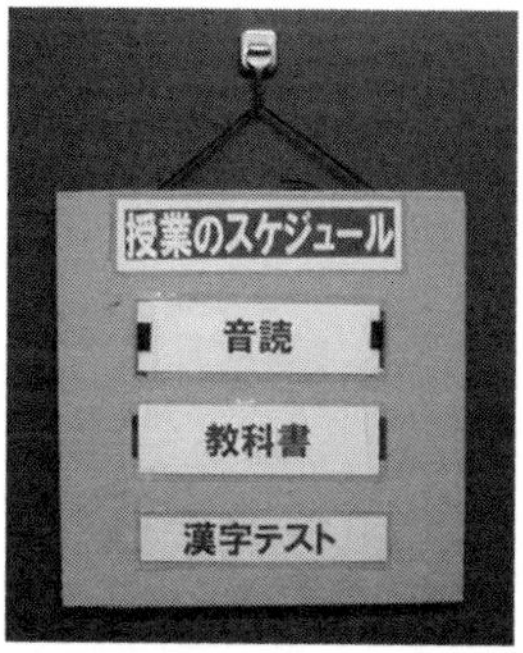

短い時間を毎日続けて設定するモジュール型の時間割りを取り入れている学校もあります。物事を習得するためには、続けて繰り返し行うことが必要ですから、時間を短くして、繰り返し行うことは、子ども達の基礎・基本の定着にもつながります。

四十五分間集中力を持続することは難しいですが、五分間、十分間ならば続けられる子が多くいるはずです。たとえ、苦手な課題であっても、短い時間ならば我慢していられる子もいるでしょう。こうした子ども達のために、授業を分割するという取り組みを考慮していきたいです。

見通しをもたせ、参加を促す

新しいことに対処することが苦手な子ども達のために、できるだけ先の予定を伝え、見通しをもって授業に参加できるようにします。

そのために、まず一週間の予定を知らせます。

学習内容や学習形態の多様化に伴い、一週間の時間割が固定できなくなっています。学校には、行事も多く、年度はじめに配布している時間割通りに一週間授業ができるということは、ほとんどないのではないかと思われます。毎日、何が起きるか分からない状況では、子ども達は不安を抱き、落ち着かなくなりますので、少しでも前もって見通しをもてるように、一週間の予定を作成して、子ども達に伝えます。

次に毎日の予定を伝えます。一日の予定として、黒板横に時間割を掲示します。そして、前日の帰りの会や、朝の会で伝えるようにします。

さらに、一時間の授業の流れについても、あらかじめ子ども達に伝えたいです。

前のページの写真のように、その時間の大まかなスケジュールを掲示しておくと、子ども達は見通しをもって授業に参加することができます。

さらに、活動予定の掲示だけでなく、活動時間を示すことも効果的です。授業で何かを行うときは、あらかじめ活動時間を伝え、キッチンタイマーなどを使って、残り時間を示すようにします。苦手な課題であっても、あとどれくらいやればいいかが分かれば、結構がんばれるものです。

少し高価になりますが、写真のタイムタイマーは、残り時間を視覚的につかむことができます。黒板に貼れる大型のデジタルタイマー（SUZUKI　スズキ　スクールタイマー2 STEX-03）も市販されています。

エンターテインメント化して、参加を促す

子ども達の学習意欲は一人一人様々で、みんなが「さあ、やるぞ」と授業に臨んでいるわけではありません。どうしても授業に興味を示せない子ども達には、まずは授業に気持ちが向くように、授業を子ども達のノリに合わせて、エンターテインメント化することも時には必要です。

そのために、授業の中に、○×クイズ、三択クイズ、ビンゴ、パズル、歌、手遊び、ゲームなどの活動を取り入れます。同じ内容でも、ただ教師が話すのと、クイズやゲーム形式にするのでは、子ども達のノリが違います。

漢字バトル、リレー音読、計算ビンゴ、都道府県名あてクイズ、地図帳クイズなどのように、頻度の高い学習内容とクイズやゲームを結びつけることができると、楽しみながら継続することができ、基礎・基本の習得にもつながります。

長く続けたい場合は、ポイントをためる、グラフ化するなど、積み重ねた実績が見えるような工夫をすることで、意欲を継続することができます。

今は、インターネットや大型雑貨店を活用すると、早押しボタンや、○×の音が出る道具などを手に入れることができます。一〇〇円ショップなどでも簡単な衣装や小道具も用意できます。こうしたアイテムを使うことで、エンターテインメント性を高めて、子ども達をひきつけてもいいかもしれません。

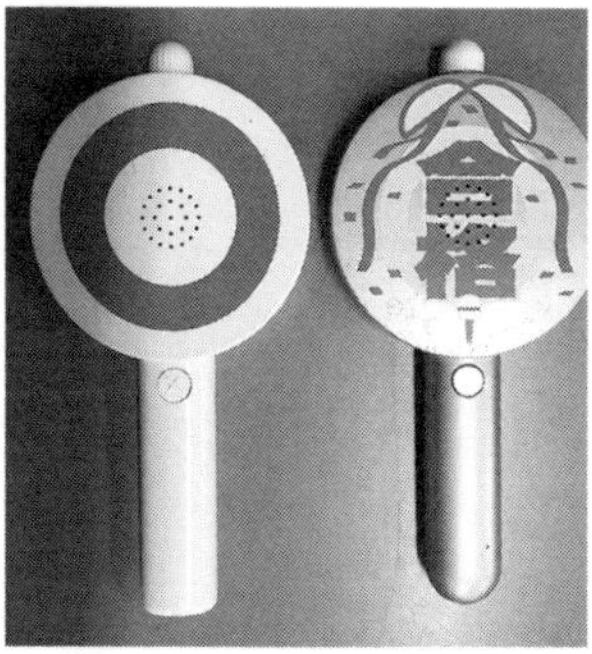

一見、授業にはそぐわない実践のようにも思いますが、授業参加を促すためには、多様な動機づけがあってもよいのだろうと考えます。ただし、あくまでも主となる授業のねらいからは、離れすぎないような配慮はしなければいけません。

上條晴夫監修『ベテラン教師が教える目的別スグでき！学級あそびベスト１００』（ナツメ社）に授業に活用できるゲームや遊びが、多数紹介されています。

授業をパターン化して、参加を促す

授業は、楽しい方が子ども達の気持ちは向いてきます。そのために、先述したように、授業を分割して、多様な活動を取り入れたり、ゲームやクイズなどを用意したりします。けれども、こうした演出が、かえって子ども達の落ち着きをうばってしまうことがあります。

特に、次に何があるのだろうと気になってしまう子ども達にとっては、次への期待が、集中力の妨げになってしまうのです。

日々の授業では、ドキドキ・ワクワク感よりも、落ち着きや安心を大事にしたいです。そのためには、次に何があるのかが分かる、いつも同じことがあるというパターンをつくることを心がけなければいけません。それぞれの教科の授業の型をつくるということです。

さらに、このパターンの中に、学級にいるどの子も分かる・できる活動を取り入れるようにします。教科書やノートを使っての授業や、先生の話を聞く授業は苦手でも、読み聞かせのときは、よく聞いていたり、ゲーム性のある課題のときは、一緒に熱中していたりする姿が見られるはずです。そうした活動を授業のどこかに入れることで、一時間の中に、分かる・できる場面をどの子にもつくってあげることができます。

社会科の授業の最初がいつも地名クイズから始まっていれば、休み時間の校庭遊びから早く帰ってこようと思います。

国語の時間の最後が大好きな漢字ビンゴだったならば、それまでの物語文の読解をがんばろうと思えます。

このように授業の見通しをもたせ、そこにその子にもできる活動を設定しておけば、どうせできない、どうせ分からないという経験を重ねたことで、授業への関心が低くなっている子ども達にも、参加の意欲や態度を促すことにつながります。

授業の展開はできるだけパターン化し、そこにできるだけ、どの子も分かる・できる活動を取り入れるようにしましょう。

環境を調整して、参加を促す

子どもの学びやすさを考えるためには、教室の環境にも目を向けなくてはいけません。

授業に集中するためには、教室全体を整理しておくことが必要ですし、特に教室前面や黒板周辺は、できるだけ余計なものを貼ったり、置いたりせずに、スッキリさせておきたいです。

座席配置のレイアウトも重要です。一般的に、みんなが前を向いている座席配置は、先生の話を中心に進める一斉授業に向いています。グループでの話し合いや作業を中心に進める場合には、グループ型にします。図工室や理科室は、このような机になっているでしょう。子ども達全員で話し合いながら進めたい場合には、コの字型にするとよいです。

先生の説明や、友達の発表に集中できないときは、机を後ろに下げて、子ども達を前に集めてしまいます。絵本の読み聞かせや体育の授業などで、よく見る形です。話し手と聞

き手の間に余計なものがないので、子ども達が集中して聞くことができるようになります。

机の上にも気を配りたいです。子ども達の机は、教科書、ノート、筆箱、鉛筆、消しゴム、定規と、注意力を惑わすものの宝庫となっています。こうしたものをきちんと整理させることで、子どもの集中力を高めます。

机上の道具や材料がどうしても気になってしまったり、まわりの子ども達に気が向いてしまったりするときには、板目の紙と製本テープで作った仕切り板が便利です。自分だけの空間をつくります。教室の中に集中したり、クールダウンしたりできる個別のスペースを用意する場合もあります。

ねらいにせまるコツ

視覚化して、ねらいにせまる

「日本授業UD学会」は、前身の「授業のユニバーサルデザイン研究会」の頃から、特別支援教育の視点を教科教育に取り入れることを提案しています。この会の授業改善のキーワードとなっていることに、**視覚化**、**焦点化**、**共有化**が挙げられます。これらを意識することが、どの子も分かる・できる授業につながります。

教師の説明は、話し言葉に頼りがちです。けれども、多くの人は、聴覚刺激よりも視覚刺激の方が優位に働きますので、見て分かる工夫がされている授業は、多くの子に分かりやすい授業になります。三つのキーワードの一つ目、視覚化するということです。

例えば、「教科書10ページを開きましょう」と言うよりも、黒板に「10ページ」と書く方が、より多くの子ども達に伝わります。それに、話し言葉は消えてしまいますが、黒板に書いた文字はずっと残っていますので、そのとき、聞き逃してしまった子でも、後で気付くことができます。

先生が何度も「静かにしましょう」と言うよりも、黒板に「静かにしましょう」と書く方が、子ども達に伝わることもあります。指示や説明が分かりやすい先生に注目してみると、随所に視覚化がなされていることに気が付くはずです。

授業場面で使う視覚化として、まずは大きく示すということが挙げられます。最近は、ＩＣＴの普及により、プロジェクターや電子黒板を活用して、教科書の細部まで大きく映し出せるようになりました。こうした機器を有効に活用することが視覚化につながります。

また、隠して見せるという方法も考えられます。一番伝えたいことを隠しておくことで、そこに注目させるという技法です。例えば、算数の時間にめあてを書くときに、「三角形の内角の（　）が分かる」と表記します。子ども達は、そこに何が入るのかを考え始めます。その頃を見計らって教師が「和」という言葉を示すと、その時間のめあてを意識させられます。また、足し算の答えを「和」と表現することの習得にもつながります。

同様に、社会科のグラフや写真資料などでも、一番注目させたい項目を隠しておくという手法が有効です。例えば、那覇市の降水量を示すグラフの九月の部分を隠しておきます。すると、子ども達は、どれくらいの量なのかを予想し始め、沖縄は九月に台風が多いという事実に着目させることができます。

焦点化して、ねらいにせまる

教科書の指導書や指導案などを見ると、「関心・意欲・態度」「知識・理解」「技能」「思考・表現」という評価の四観点が示されています。一方で、学力の三要素として、「知識・技能」「思考力・判断力・表現力等」「主体的に学習に取り組む態度」などという言葉も聞かれます。

このようにひとつの単元、ひとつの授業の中にも、たくさんの指導の観点があるものです。こうしたことに全て対応しようとすると、授業の方向性があちこちに行ってしまい、まとまりのない展開になってしまいます。結局、何を伝えたかったのか、何をさせたかったのかが分からずに終わってしまう授業が少なくありません。

子ども側から見ても、こうした授業は、戸惑いの多いものになっているはずです。

このように、ねらいや活動が散漫にならないためにも、「その授業で一番に伝えたいものは何か」「中心発問は何か」「中心活動は何か」「授業の山場はどこか」などを事前に考えて焦点化しておくことが必要です。

教師自身が教える内容や、展開が整理できている授業は、子ども達にとっても分かりやすいです。反対に、たくさんのことが混じり合いながら進む授業は、子ども達も分かりにくいはずです。一度にたくさんのことを習得することが苦手な子ども達にとっては尚更です。

授業の中で、指導内容を焦点化するために、私が勧める方法は、授業の始めに、その時間のめあてを子どもに分かりやすい言葉でシンプルに示すということです。

授業の始めに、黒板の上の方に、その時間のめあてを書いてから始めるようにします。このとき、指導書に出ている加法減法などという難しい用語でなく、足し算、引き算といった子どもにも分かりやすい言葉にします。こうすることで、教師自身がその時間につけたい力を明確にできると共に、子ども達も、何を目指せばいいかがはっきりします。

そうしておけば、もし、授業中に内容がそれてしまいそうになっても、黒板の上にめあてが書かれているので、授業の本筋に戻りやすくなります。そして、授業の最後には、最初に示しためあてを見て、それが達成できたかどうかを振り返ります。その時間の自分の成長に自分自身で気付かせるようにします。

学習のねらいや内容が焦点化された授業では、より多くの子が分かる・できるを実感して学ぶことができるはずです。

共有化して、ねらいにせまる

たくさんの子ども達がいることが、通常の学級の一番の特徴です。その中では、教師の指示や発問、与える課題を共有化しないと、みんなで一緒に授業をしていくことはできません。でも、たくさんの子ども達は、学力も感じ方も様々なので、どれだけ共有化できるかが、通常の学級での授業の中での大きなカギになります。

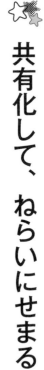

星槎大学の阿部利彦先生は、著書『通常学級のユニバーサルデザイン　プランＺｅｒｏ』（東洋館出版社）の中で、ＵＤ化された授業の特徴として、**「ひきつける」「むすびつける」「方向づける」「そろえる」「『わかった』『できた』と実感させる」**という五つを挙げられています。この中の「そろえる」という手立てが、共有化のために有効です。

あるクラスの算数の授業をのぞいてみました。授業の始めに、机上の整理をさせ、姿勢を正し、挨拶をし、教科書を開かせ、板書した課題を写させました。全員がそろったいいスタートで、みんながノートに書いたことで、授業の課題を共有化できたようでした。ところが、最初の課題の自力解決が速い子とそうでない子の差が出始めました。子ども達が自分の考えを発表している場面になっても、まだ自分で考えている子も見られました。その後に六問の練習問題が出された頃から、取り組みにばらつきが出てきました。先生が指示した番号を聞いていない子もいました。そして問題を解く中で、さらに速い子と遅い子の差が開き始めました。丸付けのときには、それぞれの子どものやっていることがばらばらになっていました。結局、この授業では、最初の場面以外、子ども達がそろって活動することができませんでした。

この授業では、自力解決後に自分の考えを発表するとき、練習問題に入るとき、答え合わせをするときなどに、一旦みんなをそろえることが可能だったはずです。そこでみんなの活動をそろえて、子ども達の考えや、次の問題の指示などを共有化させる必要がありました。また、能力差がある中で、計算練習などをさせるとそろえることが難しくなりますが、一度に取り組む問題数を減らすことで、差は少なくなり、そろえやすくなります。「何問やりましょう」ではなく「何分やりましょう」と指示することでも、時間の差はつかなくなります。

理解の遅い子や、不器用で取り組みに時間がかかる子は、授業のペースについていけずに取り残されてしまうことがあります。授業の中でそろえる機会を適宜設けて、内容を共有しながら進められるようにしていけるとよいです。

多様な活動を取り入れ、ねらいにせまる

マルチ知能という言葉をご存じでしょうか。

人間には、〈言語〉〈論理・数学〉〈空間〉〈体・運動〉〈音楽〉〈人間関係〉〈自分・自己観察〉〈自然との共生〉の八つの能力があるという考えで、左の図はそれを子どもにも分かりやすく示したものです。（涌井二〇一四）※1

これは、アメリカのハワードガードナー教授によって提唱された理論で、多重知能やマルチプルインテリジェンスなどとも称され、諸外国では、教育の現場でも広く活用されているそうです。

この八つの知能を学校の授業にあてはめると、子ども達が比較的

マルチピザの８つの力《ちから》とは？

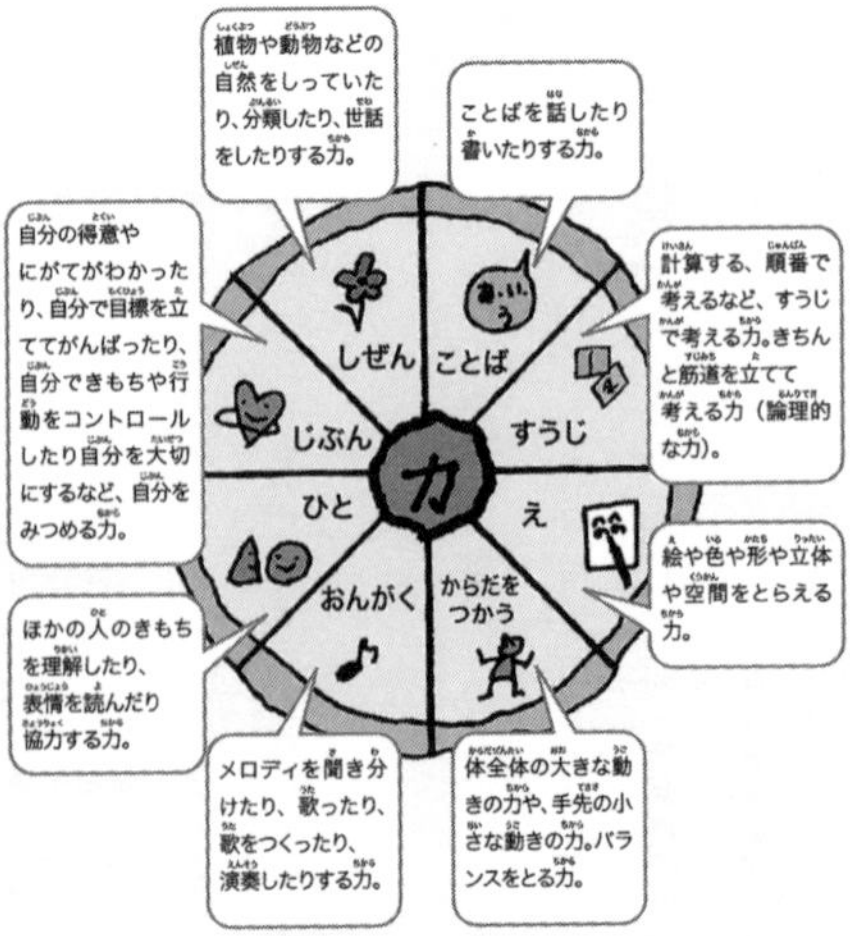

中央のピザは Armstrong T.（2000）吉田新一郎訳（2002）『「マルチ能力」が育む子どもの生きる力』（小学館）を参考に作成

好む実技教科と、苦手とする国語や算数などの教科では、使っている知能が違っていることが分かります。ですから、国語や算数など言葉や数字だけに頼りがちな授業であっても、体を使う、イラストを使う、友達と関わり合うといった多様な活動を取り入れることで、より学びやすくなり、学習内容を習得できるようになります。

授業場面で、「分かった人は立ってみましょう」「できたら先生のところにもってきて」「となりの友達と確かめてみよう」などの指示をあえて行ってもよいでしょう。板書に絵やイラストを書き入れてみたり、自習の時間にＢＧＭを流してみたりしてもいいかもしれません。

マルチ知能を使った実践については、次の本に詳しいです。

※1 涌井恵編著『学び方を学ぶ　発達障害のある子どももみんな共に育つユニバーサルデザインな授業・集団づくりガイドブック』（ジアース教育新社）

涌井恵編著『学び方にはコツがある！　その子にあった学び方支援』（明治図書）

【参考】マルチピザのダウンロードはこちらから　(http://icedd.nise.go.jp/?page_id=1380)

アクティブ・ラーニングで、力をつける

東北福祉大学の上條晴夫先生は、以前より教師の教えやすさから子ども達の学びやすさに目を向けることをご指摘され、子ども達主体の授業の必要性を提案されてきました。

こうした授業の在り方は、今、話題となっているアクティブ・ラーニングに大きく通じるものです。

アクティブ・ラーニングは、知識や理解の習得だけを目指すのではなく、資質や能力の育成に目を向ける学習です。こうした動きが出てきた背景には、目まぐるしく変化・発展するこれからの社会を生きるための力を子ども達につけなければいけないという課題があります。社会が成熟し、新しい価値観が育まれていることは、特別支援教育が、その先のインクルーシブ教育に転換していく動きと重なります。アクティブ・ラーニングが目指す授業の姿は、特別支援教育の視点を取り入れた授業づくりから、インクルーシブの視点を取り入れた授業と考えることができるのかもしれません。

通常の授業で支援を要すると言われる子ども達は、みんなと同じように行動することや、だまってじっと座っていることを苦手としていることが多いです。だから、子ども達が自ら活動し、友達と関わりながら学習を進める子ども達主体の授業の方が、学びやすいと言う子ども達もたくさんいます。

授業の在り方を、先生の説明主体の一斉授業から、思い切って子ども達が主体の活動的、協働的な授業に変えてみましょう。つい気になってしまっている子ども達の言動が、全く気にならなくなるかもしれません。つまり、従来の授業のやり方や先生の考え方を規準にすることで、気になる子にされてしまっていることもあるということです。

教師の教えやすさだけでなく、子ども達の学びやすさに寄り添うという視点も、授業づくりに組み入れてみましょう。

ただし、子ども達の中には、自分で考えて動くことや、友達と関わって活動することが苦手な子もいます。また子どもの活動中心の学習は、教師の介入する割合が少ないので、授業のねらいからそれてしまったり、規律を欠いたりしてしまうことがあります。学習の約束や活動の方法などをしっかりと指導した上で取り組まなければいけません。

友達支援で、力をつける

授業の中で、子ども同士が学び合う時間が取り入れられるようになってきています。かつての教師主導の授業が、教師から子どもに一方的にボールを投げてきたことに対して、子ども同士でパスをし合いながらボールを回すバレーボールのような授業だとたとえられます。このように授業の中で、子ども同士が情報を伝え合うことは、特別支援教育の視点からも、大きな支援になります。

子ども同士のやりとりの中で、先生の説明だけでは理解できなかったことに気が付くことはよくあります。年齢の近い子ども達の対話の方が、先生の説明より分かりやすいということです。子ども達に話を聞いても、先生に質問するのは気兼ねするけど、友達にならら気軽に聞けるといいます。

上越教育大学の西川純先生を中心としたグループの人たちが『学び合い』という学習を提唱しています。この学習は、友達支援が最大に生かされる学習です。

ごく簡単に言うと、先生が最初にその時間の課題を与えて、その後は子ども達が、立ち歩いたり、関わり合ったりしながら、教え合い、学び合うという学習です。

『学び合い』を続けていくと、それまで先生がいくら言っても勉強をしなかった子どもが、友達と一緒に学習しているといった光景が見られるようになります。教師の力よりも、友達の力、友達関係の方が、大きな影響力をもっているということなのでしょう。

さらに、対話や関わり方は、子ども達が将来のために培わなければならない大事な力です。教科指導の中に、友達との関わり合いを取り入れることは、教科の目標だけでなく、生きるための力を育むこととも言えます。

『学び合い』については、西川純編『クラスが元気になる！『学び合い』スタートブック』（学陽書房）、西川純著『クラスがうまくいく！『学び合い』ステップアップ』（学陽書房）が分かりやすいです。

『学び合い』と特別支援教育との関係は、西川純・間波愛子編著『『学び合い』で「気になる子」のいるクラスがうまくいく』（学陽書房）に詳しく述べられています。

協同学習で、力をつける

協同学習という学習方法があります。アメリカや日本においてたくさんの技法（ストラクチャ）が開発され、紹介されています。

協同学習の技法の中でもよく知られているジグソー学習を、社会科の明治時代の学習を例にして紹介します。

①ホームチーム（学習班）の四名で、「廃藩置県」「殖産興業」「徴兵令」「地租改正」の四つの課題を分担する。
②各自、自分が担当した課題を調べ、ノートにまとめる。
③同じ課題を担当した子ども達が集まり、専門家チームをつくり、相談しながら、ノートを修正する。
④ホームチームに戻り、自分が担当した課題を友達に説明する。

この学習の利点のひとつが、専門家チームでの関わりにあります。専門家チームで話し合うことによって、自分で調べただけでは分からない子でも、課題を解決することができます。友達による支援が、技法の中に組み込まれているということです。また、ジグソー学習では、自分の課題を解決しないと、班の友達に迷惑をかけてしまいます。一斉授業だとつい受け身になってしまう子ども達が、責任を負うことによって、主体的に学ぶようになります。

協同学習の第一人者、スペンサー・ケーガン氏は、協同学習が成り立つ四つの条件を、**「互恵的な人間関係」「個人の責任」「参加の平等性」「活動の同時性」**と示しています。つまり、協同学習の技法は、主体的な学習態度と、友達による支援が生じるようなしかけになっているのです。ですから、協同学習を取り入れることによって、支援を要する子も、自ら学ぼうとしたり、友達から教えてもらったりして、学習に取り組むことが期待できます。

さらに、こうした人間関係を育むことは、授業のみならず、子ども達の対話力や社会性を伸ばしていくことにもなり、有意義な学習と言えるでしょう。

協同学習については、石川晋・佐内信之・阿部隆幸編著『協同学習でどの子も輝く学級をつくる』（学事出版）が参考になります。

学び方を選ばせ、力をつける

特別支援教育は、個のニーズに合わせた教育です。さらに、インクルーシブ教育は、どの子も排除せず、障害のある子もない子も同じ場で共に学ぶ教育をさします。

こうしたことを考えると、教師は、どの子にもそれぞれのニーズに合わせた学習を用意することを目指さなければなりません。でも、それでは教師の負担も大きく、毎時間、全ての子ども達のために違った教材を準備することは、現実的に難しいです。けれども、子ども達自身が、自分の特性に合わせて、学び方を選んで学習することができれば、教師が大きな負担を背負わずに、一人一人に合わせた学習を展開することができます。

そのために必要なことは、子ども達に学び方を学ばせること、そして、自ら学び方を選んで学習する機会を用意することです。

例えば、次のような漢字の学習です。

多くの教室では、漢字学習の際に、何行もノートに書いて練習をさせています。確かに、繰り返し書くことで漢字を習得できる子は多いですが、書くことが苦手な子や、書かなくても覚えられてしまう子にとっては、苦痛な学習で、あまりやりすぎると、かえって漢字嫌いな子を増やしてしまうことにもなりかねません。

そこで子ども達に、漢字の覚え方をいろいろと考えさせてから練習させると、バラバラにして組み合わせたり、間違いやすいところに色をつけて書いたりして覚えようとします。家族や友達に問題を出してもらって覚える子もいます。

これは、国立特別支援教育総合研究所の涌井恵氏の研究の下で、私自身が行った実践で、前述したマルチ知能を使って、子ども達自らに学び方を選ばせながら学習に取り組む授業です。このように、子どもが自分に合った学び方を知り、自分で学び方を選んで学習するようにすれば、一人一人のニーズに合った授業を展開することが可能になります。

さらに、こうした学習には、もうひとつ大きな意義があります。各々の学び方を知る中で、子ども達は、自分の覚えやすい方法と友達の覚えやすい方法は違うということに気付きます。自分と他者とは違うということ、それぞれの自分らしさがあるということを知ることになります。子ども同士がこうした関係を築くことは、インクルーシブ教育の先にあるインクルーシブな社会、共生的な社会の基礎づくりになっていくものでもあります。

欧米の学校では、このような学習形態をとっている学校が多くあるそうです。将来の社会を築く子ども達を育てるためにも、是非、挑戦してもらいたいです。

10の原則を身に付ける

ここまで、参加を促すアイデア、ねらいにせまるコツ、力をつけるしかけを紹介してきました。

この章の最初に示した通り、これらの工夫を、自分の学級の子ども達に合わせて活用していくことが望ましいのですが、教師のキャリアや子どもの実態に関係なく、身に付けておきたい指導の原則があります。

青山新吾氏が、編著書『特別支援教育　学級担任のための教育技術』（学事出版）の中で、提唱している特別支援教育の授業技術・10の原則です。

原則1：授業展開の見通しを明確にし、安定した授業をしよう
原則2：一時間を一つの単位とした授業構成とオムニバス方式による授業構成を使い分けよう
原則3：一時間の授業の中に、必ず全員参加できる場面をつくろう
原則4：見ただけでわかりやすい状況をつくろう

原則５：子どもの「特性」を理解して授業を構成しよう
原則６：支援レベルの違いを意識して授業を構成しよう
原則７：教師と子どもの人間関係を基盤にした授業をしよう
原則８：安定した集団を基盤とした授業をしよう
原則９：支援を要する子どもの周りの子の感情にも配慮をしよう
原則10：お友だち支援を活用した授業をしよう

この本は、およそ十年前、特別支援教育が実施され始めた頃に出版されたものですが、そこに示された原則は、今も色あせることなく、特別支援教育の視点を生かした授業づくりの大きな指針だと言えます。

こうした基礎的な指導技術を、まずは身に付けておきたいです。

その上で、子ども達の様子、教室の実態、自分の指導力を見つめながら、特別支援教育の視点を生かした指導の工夫を取り入れていきます。

そんな教室では、きっとどの子も安心して学び、成長していく授業がつくられていることと思います。

学びを深めるために

石川晋・佐内信之・阿部隆幸編著『協同学習でどの子も輝く学級をつくる』（学事出版）

上條晴夫監修『ベテラン教師が教える目的別スグでき！学級あそびベスト100』（ナツメ社）

田中博司『特別支援教育　どの子も「安心」できる学級づくり・授業づくり』（学事出版）

西川純『クラスがうまくいく！『学び合い』ステップアップ』（学陽書房）

西川純編『クラスが元気になる！『学び合い』スタートブック』（学陽書房）

西川純・間波愛子編著『『学び合い』で「気になる子」のいるクラスがうまくいく』（学陽書房）

涌井恵編著『学び方にはコツがある！　その子にあった学び方支援』（明治図書）

涌井恵編著『学び方を学ぶ　発達障害のある子どももみんな共に育つユニバーサルデザインな授業・集団づくりガイドブック』（ジアース教育新社）

おわりに

「あの子は、やる気がないから力がつかないね」

「あの子は、練習を全然しないから、いつまでたっても定着しないね」

「あの子は、集中力が足りないから、ミスばかりするね」

もし、読者の皆さんのまわりでこのような言葉が聞かれたとしたら、皆さんはそれをどのように思われますか。これまでは
「そうだそうだ！」
と共感しておられたかもしれません。

しかし、本書を手にとってお読みくださった後で、その思いに変化が生じていらっしゃいませんか。

「あの子は、ひょっとして、やり方が分からないのではないか」

「あの子は、ひょっとして、分からないから練習が進まないのではないか」

「あの子は、いろいろな刺激に気をとられて、集中できなくなっているのではないか」

ひょっとして……。

これまでとは違う思いで子どもへの思いを巡らせ始めていらっしゃったら、それこそが、特別支援教育のスタートなのだと思うのです。

本書は、ゼロから始まるシリーズの一冊として、長瀬拓也先生によって企画されました。

1章では、まだ二十代教師であった長瀬先生が、誠実に学び、子ども達と共に紡いだ教育の一端が示されています。一見当たり前に見える教師の誠実な仕事が、実は、特別支援教育の大前提であることを示してくださっているように思います。そして、それらに特別支援教育に関する知識、知見を、関田聖和先生、田中博司先生と私の三人が、ごくごく簡単に記述したものを加えて構成した一冊となりました。

教室の中の気になるあの子たちと共に過ごすとき、この一冊が、読者の皆さんのヒントになれば幸いです。同時に、もっと知ってみたいと思われた際には、本書の中に示した参考図書等を手にとってみていただきたいと思います。この一冊が、子ども達の安心して過ごせる日常につながるきっかけとなることを、執筆者一同お祈りします。

青山新吾

〈引用および参考文献〉

青山新吾・赤坂真二他編『インクルーシブ教育ってどんな教育?』学事出版

青山新吾（編著）上條晴夫（監修）『特別支援教育　学級担任のための教育技術』学事出版

阿部利彦（編著）授業のユニバーサルデザイン研究会湘南支部（著）『通常学級のユニバーサルデザイン　プランZero』東洋館出版社

石川晋・佐内信之・阿部隆幸編著『協同学習でどの子も輝く学級をつくる』学事出版

一般社団法人日本LD学会編『LD・ADHD等関連用語集　第3版』日本文化科学社

桂聖・川上康則・村田辰明編著『授業のユニバーサルデザインを目指す「安心」「刺激」でつくる学級経営マニュアル』東洋館出版社

上條晴夫監修『ベテラン教師が教える目的別スグでき!学級あそびベスト100』ナツメ社

川上康則『〈発達のつまずき〉から読み解く支援アプローチ』学苑社

金大竜『新任3年目までに身につけたいクラスを動かす指導の技術!』学陽書房

久保山茂樹（編著）青山新吾（編集代表）『子どものありのままの姿を保護者とどうわかりあうか』学事出版

城ケ﨑滋雄『クラスがみるみる落ち着く教師のすごい指導法!』学陽書房

城ケ﨑滋雄『子どもと「ぶつからない」「戦わない」指導法!』学陽書房

多賀一郎・長瀬拓也・山本純人『言葉と俳句の力で心が育つ学級づくり』黎明書房

多賀一郎『全員を聞く子どもにする教室の作り方』黎明書房

多賀一郎『ヒドゥンカリキュラム入門―学級崩壊を防ぐ見えない教育力』明治図書
高山恵子・平田信也『ありのままの自分で人生を変える　挫折を生かす心理学』本の種出版
田中博司『特別支援教育　どの子も「安心」できる学級づくり・授業づくり』学事出版
土橋圭子・今野正良・廣瀬由美子他編『特別支援教育の基礎　確かな支援のできる教師・保育士になるために』東京書籍
長瀬拓也編『ＴＨＥ　こども理解』明治図書
長瀬拓也『ゼロから学べる学級経営』明治図書
西川純『クラスがうまくいく！『学び合い』ステップアップ』学陽書房
西川純編『クラスが元気になる！『学び合い』スタートブック』学陽書房
西川純・間波愛子編著『『学び合い』で「気になる子」のいるクラスがうまくいく』学陽書房
西川純・片桐史裕編著『学び合う国語―国語をコミュニケーションの教科にするために』東洋館出版社
吉田忍・山田将由編著『トップ１割の教師が知っている「できるクラス」の育て方』学陽書房
涌井恵編著『学び方にはコツがある！　その子にあった学び方支援』明治図書
涌井恵編著『学び方を学ぶ　発達障害のある子どももみんな共に育つユニバーサルデザインな授業・集団づくりガイドブック』ジアース教育新社
『特別支援教育の実践情報』明治図書
『ＬＤ、ＡＤＨＤ＆ＡＳＤ』明治図書

【執筆者一覧】

青山　新吾（あおやま　しんご）　＊2章，おわりに担当

1966年兵庫県生まれ。ノートルダム清心女子大学人間生活学部児童学科准教授。岡山県内公立小学校教諭，岡山県教育庁指導課，特別支援教育課指導主事を経て現職。臨床心理士，臨床発達心理士。

著書に『自閉症の子どもへのコミュニケーション指導』『個別の指導における子どもとの関係づくり』（以上，明治図書）共編著に『インクルーシブ教育ってどんな教育？』『気になる子の将来につなげる人間関係づくり』（以上，学事出版）ほか多数。特別支援教育ONEテーマブックシリーズ，インクルーシブ発想の教育シリーズ（共に学事出版）編集代表。

長瀬　拓也（ながせ　たくや）　＊1章，はじめに担当

1981年岐阜県生まれ。横浜市立小学校教諭，岐阜県公立小，中学校教諭を務め，現在同志社小学校教諭。高校生の時，社会科中学校教員だった父親が白血病で他界し，教職の世界へ。主権者意識を育てる社会科授業に関心がある。

主な著書に『ゼロから学べる学級経営―若い教師のためのクラスづくり入門』（明治図書）『増補　誰でもうまくいく！　普段の楽しい社会科授業のつくり方』（黎明書房），『THEこども理解』（明治図書，編著）などがある。

関田　聖和（せきだ　きよかず）　＊3章担当
兵庫県小学校教頭。特別支援教育士（S.E.N.S）。特別支援教育コーディネーターとして，９年目。通常の学級における特別支援教育について研鑽を深めている。国語科の書くこと，ICT機器を活用した授業に取り組んでいる。
単著に『楽しく学んで国語力アップ！「楽習」授業ネタ＆ツール』共著に『信頼感で子どもとつながる学級づくり　協働を引き出す教師のリーダーシップ　小学校編』（以上，明治図書）『朝の会・帰りの会　基本とアイデア184』（ナツメ社）など多数。

田中　博司（たなか　ひろし）　＊4章担当
東京都公立小学校教員。通常の学級担任。特別支援教育コーディネーター。東京コーディネーター研究会研究部長。授業づくりネットワーク所属。
著書に『スペシャリスト直伝！　通常の学級　特別支援教育の極意』（明治図書）『通常学級　子どもと子どもがつながる教室』『特別支援教育　どの子も「安心」できる学級づくり・授業づくり』（以上，学事出版）。

【編著者】
青山　新吾・長瀬　拓也

【イラスト】イクタケマコト
1976年福岡県宮若市生まれ。教師生活を経て，2006年からイラストレーターとして活動。教師経験を活かし，教科書や教育書などのイラストを多く手掛ける。著書に『カンタンかわいい小学校テンプレート＆イラスト』（学陽書房），『中学・高校イラストカット集1200』（学事出版），主夫の日々を描いた『主夫３年生』（彩図社）ほか。

ゼロから学べる特別支援教育
―若い教師のための気になる子への支援入門―

2016年９月初版第１刷刊　©編著者　青山新吾・長瀬拓也
2017年５月初版第２刷刊　発行者　藤原光政
発行所　明治図書出版株式会社
http://www.meijitosho.co.jp
（企画）林　知里（校正）山田理恵子
〒114-0023　東京都北区滝野川7-46-1
振替00160-5-151318　電話03(5907)6703
ご注文窓口　電話03(5907)6668

＊検印省略　組版所　株式会社アイデスク

本書の無断コピーは，著作権・出版権にふれます。ご注意ください。

Printed in Japan　ISBN978-4-18-233512-9

もれなくクーポンがもらえる！読者アンケートはこちらから →

大好評！ゼロから学べるシリーズ

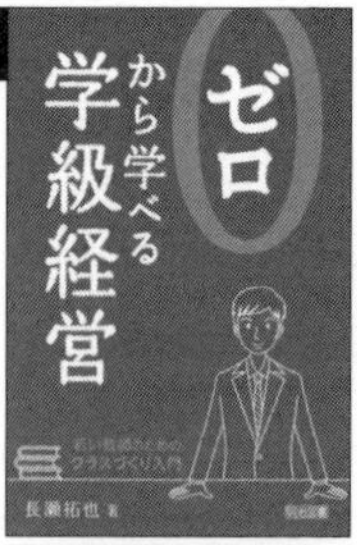

ゼロから学べる学級経営

—若い教師のためのクラスづくり入門—

四六判・168 頁・本体 1,660 円＋税【1193】　**長瀬拓也** 著

授業をする力と同じくらい大切な学級経営の力。教師はそれをどのように学んだらよいのか、どうクラスを成長させていけばよいのか、ゴール・ルール・システム・リレーション・カルチャーという５つの視点（ＳＲＲＣ＝Ｇモデル）から紐解く、クラスづくりの指南書。

ゼロから学べる授業づくり

—若い教師のための授業デザイン入門—

四六判・168 頁・本体 1,660 円＋税【1593】　**長瀬拓也** 著

ゼロから授業を見つめ直すこと・新しい学び方を取り入れていくこと・先行実践を大切にすることーゼロベースから授業を学ぶことが授業づくりの柱となる！授業づくりの「方法」から「学び方」「高め方」まで、よりよい授業者になるためのヒントがぎゅっと詰まった一冊。

ゼロから学べる生徒指導

—若い教師のための子ども理解入門—

四六判・176 頁・本体 1,700 円＋税【1769】　**長瀬拓也** 編著

力で押さえつける生徒指導から脱却しよう！トラブルが起きる前の予防的生徒指導＆よりよい解決を導くための対応型生徒指導を事例をもとに易しく解説。「指導」とは何か、ゼロから見つめ直すことで、誰もができる効果的な生徒指導について提案します。

ゼロから学べる仕事術

—若い教師のための働き方入門—

四六判・168 頁・本体 1,700 円＋税【1770】　**長瀬拓也** 編著

若い先生こそ仕事の進め方は意識的に！特に、繁忙期である４月の仕事の仕方、苦しい時の乗り越え方・楽しく仕事をする方法など、知っておけば必ず差がつくコツやアイデアを多数収録。教師の本分である授業を充実させるために、取り入れてほしい工夫が満載です。

明治図書　携帯・スマートフォンからは **明治図書 ONLINE へ** 書籍の検索、注文ができます。▶▶▶

http://www.meijitosho.co.jp　＊併記４桁の図書番号（英数字）でHP、携帯での検索・注文が簡単に行えます。

〒114－0023　東京都北区滝野川７－46－１　ご注文窓口　TEL 03－5907－6668　FAX 050－3156－2790

＊価格は全て本体価表示です。

特別支援教育にかかわる用語や疑問をＱ＆Ａ形式で解説！

今さら聞けない！特別支援教育 Q&A

青山　新吾 編著

四六判・80 頁　本体価 1,000 円＋税　図書番号：1648

個々の発達障害への対応を学ぶことから、通常学級での取り組みや授業のユニバーサルデザインまで。特別支援教育にかかわる内容や専門用語について、職員会議や保護者との会話の中で「あれ？」となった時に手にとれる、Ｑ＆Ａ形式の特別支援教育の基本用語辞典。

人気教師・青山新吾がエピソードで教師力の極意を直伝！

エピソードで語る 教師力の極意

青山　新吾 著

Ａ５判・144 頁　本体価 1,600 円＋税　図書番号：1374

教師・青山新吾が、教師生活を支えてきた方法や発想をエピソードとともに紹介。「子どもとの関係に苦しんだわけ」「僕が自閉語を学ぶわけ」などの具体的なエピソードで、特別支援教育に携わる教師に大切な教師力の極意を直伝！

明治図書　携帯・スマートフォンからは 明治図書 ONLINE へ　書籍の検索、注文ができます。▶▶▶

http://www.meijitosho.co.jp　＊併記４桁の図書番号（英数字）でHP、携帯での検索・注文が簡単に行えます。

〒114−0023　東京都北区滝野川７−46−１　ご注文窓口　TEL (03)5907−6668　FAX (050)3156−2790

＊価格は全て本体価表示です。

好評発売中！

特別支援学校、特別支援学級、通級指導におけるポイント

THE　特別支援教育
～特別支援学校・特別支援学級等編～

四六判・72頁・本体　960円＋税【3484】

青山新吾 編　「ＴＨＥ教師力」編集委員会 著

「共生社会」に向け、インクルーシブ教育システム構築がすすめられる中、通級による指導、特別支援学級、特別支援学校といった一人一人の子どものニーズに応じた多様な学びの場での取り組みはとても重要です。通常学級との交流など、そのポイントについてまとめました。

専門家１６人による通常学級での特別支援教育のポイント！

THE　特別支援教育
～通常の学級編～

四六判・72頁・本体　960円＋税【1972】

青山新吾 編　「ＴＨＥ教師力」編集委員会 著

「通常学級における特別支援教育」について各分野の専門家・実践者が語る必携の１冊！【執筆者】青山新吾／川上康則／岸本勝義／塚田直樹／久保山茂樹／清岡憲二／土居裕士／涌井　恵／田中博司／万年康男／神吉　満／小田太郎／中雄紀之／石川　晋／柳下記子／島田和紀

子ども理解に大切な視点とは？見方やアプローチの秘訣

THE　こども理解

四六判・128頁・本体 1,560円＋税【3480】

長瀬拓也 編　「ＴＨＥ教師力」編集委員会 著

「子ども理解」に大切な視点とは？一人ひとりの子どもを見取るポイントやアプローチの方法について徹底解説。子どもの見方・感じ方をとらえる「子ども理解の研究法」から、支援を要する子を包み込む学級づくりまで。豊富な実践例と共に丁寧にわかりやすくまとめました。

明治図書　携帯・スマートフォンからは **明治図書 ONLINE へ** 書籍の検索、注文ができます。▶▶▶

http://www.meijitosho.co.jp　＊併記４桁の図書番号（英数字）でHP、携帯での検索・注文が簡単に行えます。

〒114－0023　東京都北区滝野川７－46－１　ご注文窓口　TEL 03－5907－6668　FAX 050－3156－2790

＊価格は全て本体価表示です。

読めばニッコリ、笑顔エネルギーが貯まる本

スペシャリスト直伝！
通常の学級
特別支援教育の極意

田中　博司 著

Ａ５判・128頁　本体価 1,800 円＋税　図書番号：1636

通常の学級には発達障害の疑いのある子が6.5%いる？　インクルーシブ教育時代、障害のある子もない子も共に学ぶ？…どうぞ不安にならないでください。特別支援教育は一番笑顔が似合う教育です。子どもも保護者も、先生だって。本書が笑顔の作り方を伝授します。

国語の授業をもっと楽しく！「楽習」授業のススメ

国語科授業サポートBOOKS

楽しく学んで国語力アップ！
「楽習」
授業ネタ＆ツール

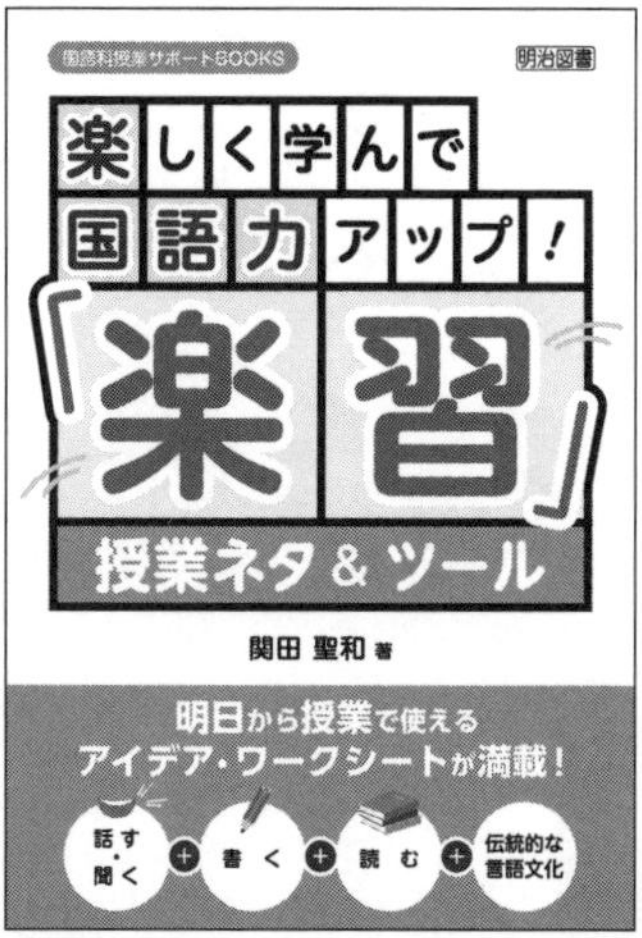

関田　聖和 著

Ａ５判・144頁　本体価 1,800 円＋税　図書番号：1886

国語力定着のカギは「楽しさ」にあり！子どもたちが「学ぶことが楽しい！」と思える、「楽習」授業アイデア＆ツールが満載。「楽しい！」→「分かった！」→「できた！」→「さらに！」のサイクルづくりで、国語力もぐんぐんアップ！

明治図書　携帯・スマートフォンからは **明治図書 ONLINE へ** 書籍の検索、注文ができます。▶▶▶
http://www.meijitosho.co.jp　＊併記４桁の図書番号（英数字）でHP、携帯での検索・注文が簡単に行えます。
〒114－0023　東京都北区滝野川７－46－１　ご注文窓口　TEL (03)5907－6668　FAX (050)3156－2790

＊価格は全て本体価表示です。

発達障害のある子とＵＤ(ユニバーサルデザイン)な授業づくり

学び方にはコツがある！
その子にあった学び方支援 【1813】

【A5判・2060円+税】　涌井　恵 編著

★学び方を学べば，得意を生かして効果バツグン！

ユニバーサルデザインな授業とはすべての子どもが「わかる」「できる」を目指し，一人ひとりの学び方の違いに応じて学び方を選べる授業です。色々な学び方…「マルチ知能」と「やる・き・ちゅ」（やる気・記憶・注意）を取り入れた支援ある授業を始めてみませんか？

もくじ

第１章　本書が目指している実践と大切にしていること
第２章　子どもが夢中で学べる！ マルチ知能＆“やる・き・ちゅ”とは
第３章　体験して学ぼう！ 子どもと一緒に見つけるマルチ知能＆“やる・き・ちゅ”
第４章　マルチ知能＆“やる・き・ちゅ”で変わる！ 子どもが夢中で学べる活動アイデア
第５章　学び方で子どもが変わる！ マルチ知能＆“やる・き・ちゅ”を活用した授業事例

こんなときどうする?!
友だちと仲よくすごすためのスキルアップワーク 【0525】

発達障害のある子へのＳＳＴ（ソーシャルスキルトレーニング）

西岡有香 編／落合由香・石川聡美・竹林由佳 著

【A5判・2360円+税】

★発達障害の子どもへの“仲間づくり”応援ＢＯＯＫ！

友だちが失敗して負けた，仲間に入れてほしい，いやなことを言われた，など場面に応じて友だちと仲よくすごす方法を学ぶワーク集。神戸ＹＭＣＡで実践を重ねたソーシャルスキル指導で，子どもに合わせた配慮や指導上の留意点を丁寧に解説，明日からの授業に生きる１冊。

もくじ

第１章　ソーシャルスキルを子どもに教えるには
第２章　ソーシャルスキルワーク＆指導と解説
ゲームで負けた／友だちが失敗して負けた／自分ばかりやって，交代しない／話したいことがあるのに，友だちはちがう話をしている／物をかりたい／「かして」と言われた／約束の時間に遅れた／うっかり人の物をこわしてしまった／いやなことを言われた／他全25ワーク

明治図書　携帯からは**明治図書 MOBILE へ**　書籍の検索、注文ができます。▶▶▶

http://www.meijitosho.co.jp　＊併記４桁の図書番号（英数字）でHP、携帯での検索・注文が簡単に行えます。

〒114－0023　東京都北区滝野川７－46－１　ご注文窓口　TEL 03－5907－6668　FAX 050－3156－2790

＊価格はすべて本体価表示です。

【改訂版】

特別支援教育 基本用語100

解説とここが知りたい・聞きたいQ＆A

1085・A５判・2100 円+税

上野一彦・緒方明子・柘植雅義・松村茂治・小林　玄 編

特別支援教育からインクルーシブ教育の時代へ！

すべての教師が，広く深く理解するために，基本用語を教育だけでなく心理学，医学，福祉の関連領域まで広げ，用語を厳選するとともに，教師が日常的に接することの多い大切な質問を選びやさしく解説した。

そこが知りたい！大解説

インクルーシブ教育って？

合理的配慮って？共生社会って？Q&Aで早わかり

1267・A５判・2000円+税

木舩　憲幸 著

合理的配慮って？共生社会って？Ｑ＆Ａで早わかり！

「合理的配慮をしなくちゃいけないというけれど，今までの支援とどう違うの？」「特別支援教育はこれからインクルーシブ教育というものになるの？」－近年の動向を整備された法令関係とあわせて，今教室で求められている支援について解説。先生の疑問に答える１冊です。

明治図書　携帯・スマートフォンからは　明治図書 ONLINEへ　書籍の検索、注文ができます。▶▶▶

http://www.meijitosho.co.jp　＊併記４桁の図書番号（英数字）でHP、携帯での検索・注文が簡単に行えます。

〒114－0023　東京都北区滝野川７－46－１　ご注文窓口　TEL 03－5907－6668　FAX 050－3156－2790

＊価格は全て本体価表示です。

大好評！ゼロから学べるシリーズ

ゼロから学べる
小学校国語科授業づくり

四六判・176頁・本体 1,900 円＋税【2334】　青木伸生 著

教師が子どもに答えを与えるスタイルから、子どもが目的に応じて答えを導き、創り出すスタイルへと授業が転換していく今、国語科ではどんな授業をすべきなのか？　自立した学び手を育てるため、また学び合いのできる子どもを育てるための第一歩がここに。

ゼロから学べる
小学校算数科授業づくり

四六判・176頁・本体 1,800 円＋税【2101】　久保田健祐 編著

考える楽しさ・教える楽しさを実感できる算数の授業づくりを実現するはじめの第一歩から、様々な実践をもとにした具体的な手立て、学習方法のテクニックなどを事例に基づいて紹介。算数好きの執筆陣が、算数好きになりたいと考える先生へ贈る、算数授業づくりの入門書。

ゼロから学べる
小学校社会科授業づくり

四六判・176頁・本体 1,800 円＋税【2221】

吉水裕也 監修　佐藤正寿・長瀬拓也 編著

社会科は世の中を生きぬくための知恵を育む教科である―単なる暗記科目ではなく、多くの人やモノとの出会いを通じて社会に関心をもち、参画する子を育てるために、社会科授業はどう教えたらよいのか。子どもはもちろん、先生も社会科好きにする、授業づくりの入門書。

ゼロから学べる
小学校図画工作授業づくり

四六判・176頁・本体 1,800 円＋税【2102】

大橋 功　監修　西尾 環・森實祐里 編著

図画工作科を制する者は学級を制する！うまくいっている図画工作の授業には、児童を理解する大きな手がかりがあります。図工が好きな子供たちを育てるとともに、図工室の準備や材料集めのポイント、実際の指導アイデアなど、図画工作科の全体像と要所が分かる入門書。

明治図書　携帯・スマートフォンからは **明治図書 ONLINE へ** 書籍の検索、注文ができます。▶▶▶

http://www.meijitosho.co.jp　＊併記４桁の図書番号（英数字）でHP、携帯での検索・注文が簡単に行えます。

〒114－0023　東京都北区滝野川 7－46－1　ご注文窓口　TEL 03－5907－6668　FAX 050－3156－2790

＊価格は全て本体価表示です。